中国书籍学术之光文库

商业模式的力量

罗时万 律德启 万京 | 著

中国书籍出版社
China Book Press

图书在版编目（CIP）数据

商业模式的力量/罗时万，律德启，万京著.—北京：中国书籍出版社，2020.1
ISBN 978-7-5068-7580-6

Ⅰ.①商… Ⅱ.①罗…②律…③万… Ⅲ.①商业模式 Ⅳ.①F71

中国版本图书馆 CIP 数据核字（2019）第 273506 号

商业模式的力量

罗时万　律德启　万　京　著

责任编辑	赵秀村
责任印制	孙马飞　马　芝
封面设计	中联华文
出版发行	中国书籍出版社
地　　址	北京市丰台区三路居路 97 号（邮编：100073）
电　　话	（010）52257143（总编室）　（010）52257140（发行部）
电子邮箱	eo@chinabp.com.cn
经　　销	全国新华书店
印　　刷	三河市华东印刷有限公司
开　　本	710 毫米×1000 毫米　1/16
字　　数	199 千字
印　　张	16.5
版　　次	2020 年 1 月第 1 版　2020 年 1 月第 1 次印刷
书　　号	ISBN 978-7-5068-7580-6
定　　价	89.00 元

版权所有　翻印必究

序一　商业模式不是神话

当下企业界，商业模式已经成为一个很热门的话题。在我的咨询经历中，客户无论企业规模大小，无论从事什么行业，开口必谈商业模式。

我认为这是一件好事，说明现在我们企业对自身的存在和发展，有了更理性、更深刻的体会。

商业模式对企业来说至关重要。

世界著名的管理学家彼得·德鲁克说："当今企业之间的竞争，不是产品之间的竞争，而是商业模式之间的竞争。"可见商业模式的重要地位。有资料调查显示，当今中国创业型企业的失败，23%是因为战略的失误，28%是因为执行的问题，而高达49%是因为没有找到适合自己的持续盈利的商业模式。

当今社会对商业模式的认知多种多样，可谓纷繁芜杂。但需要强调的是，我们很多企业，从最初艰难创业发展至今，绝大多数没有完整、系统学习过企业商业模式，它们在竞争压力下，要不马上开始企业转型，要不就在转型的路上。企业应该何去何从，众说纷纭，企业如果没有系统的商业模式知识，很容易陷入困惑，从而仓促、勉强、盲从地进行企业转型，因商业模式问题导致企业转型失败的案例已经数不胜数。

当年互联网创业大潮中万众瞩目、曾获得两家美国著名投资商DFG和Sevin Rosen共5000万美元巨资的亿唐网的失败，就是一个典型案例。

全球经济危机未息，中国经济进入"新常态"，行业更新、产业升级已经不可避免，在此情形下，转型已经成为广大企业发展的唯一之路。企业转型第一个要解决的，就是商业模式的转型。

那么，到底什么是商业模式呢？查阅中外典籍，似乎没有明确的定义。

很多人说商业模式就是盈利模式，有的人说是经营模式，还有人将做慈善当作企业的商业模式……总之众说纷纭，甚至有企业将商业模式视为"神话"，认为自己只是小打小闹，还谈不上商业模式运作。

其实不然。为什么呢？先让我们一起看一些案例：

案例1：据说李嘉诚在解释自己企业的成功之道时谈到，他与合作伙伴谈生意合作的时候经常会这样问对方："你与我的合作拿多少分成是可以接受的呢？"客户因为李嘉诚多年信誉及实力的保障，会回答："60%是正常的，但50%也是可以接受的。"李嘉诚会说："那我就给你70%吧！"在这种情况下，客户也许愿意出资80%以上与李嘉诚进行合作。

案例2：ITAT（International Trademark Agent Trader，香港ITAT国际品牌会员店集团）当年市场扩张时，由于店铺的资源紧张和自有资金的相对短缺，所以就采取多家合作的方式进行。具体做法为ITAT分享知识产权，负责运营管理的实施指导；店铺所有者提供经营场所；资金所有者提供经营资金，最后大家利润分成。结果迅速完成了在全国一、二线城市甚至三线城市的市场拓展。

案例3：小白羊、红蜻蜓、红孩子等众多连锁加盟企业采取品牌授权、联合经营、托管运营等多种合作加盟的方式吸引了众多客户加盟，所以获取了市场的快速扩张。

案例4：很多的生产型企业因为资金困难，对原材料供应商进行债转股或者直接吸纳原材料供应商以原材料进行资产性投资入股，或者吸纳经销商作为投资人，让他们提前预付货款，从而解决了企业资金问题。

案例5：许多农业产业化企业为区域资源垄断，采取了和当地农业合作社进行特约农产品供应的合作，进行"基地＋农户"式合作发展，在得到原材料供应的同时，不仅实现了区域内一定的资源垄断，而且还实现了"政府支持、农民受惠、市场欢迎、客户喜爱"的发展目标。

上述这些企业商业模式的成功之处，相信很多读者都会心中一动——很多地方都可以借鉴。

是的。我们不必将这些成功的商业模式当作神话，"恭之敬之"。

商业模式，从字面上理解，商业的本质，就是企业经营的核心目标，也就是价值的创造和获取，也就是盈利。模式呢？从字面上理解就是"模板化的样式"，既然是模板化的样式，那它就必须具备最基础的特征，即可以复制。

那么到底什么是商业模式呢？

以我多年的企业操作经验和运营管理咨询的经验来理解，所谓商业模式，即为在特定环境下，企业实现内部复制和扩张的具有逻辑性的价值运作体系。

罗时万

2019 年 10 月

序二　商业模式的井需精挖不辍

某权威统计显示：

全球在近200年的历史中创造的社会财富超过了过去5000年的总和；而在国内，最近30年的国内生产总值持续实现着8%～10%的增速。这意味着企业的发展速度已经到了难以驾驭的程度。"大鱼吃小鱼""快鱼吃慢鱼"已经成为自然。也就是说，即使现在你的企业具有差异性、个性化的特色，也同样面临被资本大鳄"鲸吞""蚕食"的风险。

现实中，企业管理者们面临如下的问题困扰：

原先赖以生存的原材料资源越来越少，成本越来越高；

原本领先市场的技术正在被竞争对手模仿和超越；

生产设备先进性已经被新出现的对手超越；

原材料供应商逐渐被竞争对手的大额订单所吸引；

客户流失严重；

为多元发展而进行的项目投资盈利前景黯淡；

人才也快被别人挖空了；

人力资源成本越来越高；

多年的品牌资产也因为广告信息的泛滥而被逐步稀释了；

......

在这样的情况下，企业应该怎么办呢？拆东墙补西墙？过一天是一天？头痛医头，脚痛医脚？我想许多企业管理者不会这样想。怎么办？我想先给大家讲个小故事：

话说东山和西山各有一个小和尚，开始都是挑水吃，挑水的同时也能欣赏风景，过得好不快活。日子一天天过去了，西山的和尚因为年老体衰无法继续挑水，结果因干渴而死。但东山的和尚呢？他利用闲暇的时候挖了一口井，已不用挑水吃了，虽年老但活得健康安详。

我想到这儿，读者一定明白了答案，那就是从现在就要开挖商业模式的井。那么从哪儿挖呢？

做企业的，就要从做企业的本质上去寻找商业模式。企业本质是挣钱和获取资本价值的回报。那么从哪儿回报？如何回报？如何找到这些客户？怎么管理他们？靠什么打动他们来合作？怎么组织企业的行为？有哪些资源来生产这些产品，等等，这就是我们需要思考的问题。

我自踏出校园后，经过多家企业的经营管理洗礼，有多经年的管理咨询经历，经过多年对失败企业的分析和对成功企业的研究，发现在企业成功的商业模式中，一定包含：

客　户——谁购买你的产品？

渠道建设——如何找到这些客户？

客户管理——如何让客户主动使用你的产品？

价值主张——用什么价值吸引客户？

核心资源——有什么资源支撑价值主张？

关键业务——有哪些业务领域？哪些业务领域能够提供有效价值？

合作伙伴——有什么合作伙伴能提供这些资源或者协助你开展业务？

在上述这七大要素中，企业的营收从客户来，成本主要花在了资源和生产环节上，营收与成本的差额，就是企业的盈利空间。提高营收的能力和缩减成本的能力，就是企业的盈利能力。

如果将上述的因素进行分类，我们不难发现，这些要素暗合了管理学上中发现价值、创造价值和传递价值的"企业价值链法则"。

企业发展，亘古不变的真理就是一个"变"字。企业只有具备"随机应变"的能力，才能拥有持续发展的活力，才能实现企业的长期发展目标。

所以，我建议企业家们从现在就开始思考企业当下发展现状与问题，着重思考商业模式转型之路。其中，创新型或者投资型企业家要全面地重新审视与规划企业的商业模式，多元化企业家要思考各经营主体的商业模式创新和多商业模式的整合。

行动起来！现在就开始挖井，挖好井，多挖井，多挖好井！只有像愚公一样深挖不辍，企业才能做大，才能做强，才能做得更强更大！

律德启

2019年10月

序三 商业模式的透彻领悟

序一中给出了商业模式的概念，序二中给出了商业模式的总体架构，这里，为帮助更多的企业得到具体的参考，本书按照企业成长阶段，将商业模式规划和优化分别针对创业型、成长型、成熟型和扩张型企业，做了不同的分析和指导。

依据不同企业对商业模式的需求，本书内容按照如下板块划分：

第一章：拨开云雾——洞悉商业模式本质

本章内容是全书的基础，也是其他章节知识付诸实践的前提。本章不但详细陈述商业模式的概念及构成要素，而且还为读者阐述了商业模式的本质。

第二章：商业模式提炼——创业不难

本章适用于创业型企业在创业初期，进行企业商业模式的开创性设计，核心内容为在基础原理上，商业模式设计的步骤、思维方式和作业工具。

第三章：商业模式优化——发展不难

本章适用于企业度过创业期后，为进一步发展，在现有商业模式的基础上如何进行优化转型设计，内容涵盖商业模式的七大要素。本章将指导企业如何优化现有的运营管理体系，整合资源，提炼核心价值，更好地维护及开发、管理客户等，目标是现有资源的利用最大化。

第四章：商业模式完善——盈利不难

本章是第三章的深化，将指导企业如何利用结构化、系统化、体系化的方法进行商业模式的"挖潜"，提升资源利用效能，以获取更多的利益，帮助企业获取更大的盈利空间。

第五章：商业模式整合——管理不难

本章适合于规模性和成熟性的企业，特别是多商业模式的整合和多经营主体的整合，特别是企业从管理的角度寻求企业的结构性增长和运营性增长，从战略的角度进行保护原有业务单元、开发新业务单元，进行体系化管控平台建设的企业。

第六章：行业模式管理——成就不难

商业模式作为企业运营的主线和核心，必须纳入企业战略性管理范畴。本章主要从企业管理的角度阐述企业对商业模式管理的组织、流程、件和应用等，这是企业变革的原动力。为保证其实施性，本章还阐述了企业商业模式管理中应注意的政治因素和经济因素，员工情绪影响等处理的策略和方法等。

为达到"授人以鱼，不如授人以渔"的目的，本书在各个章节的论述过程中，将多年总结出的研究企业发展问题的思维路径和作业工具贯穿其中。

何谓思维路径？

本书中相关作业方法和实战案例，融入了三位作者多年总结的企业发展研究的思维方法论。其中核心的思维路径包括"点"的思维、"线"的思维、"结构"的思维、"面"的整合思维和"层次"

的立体思维，这些思维路径组成了"聚焦与发散""系统化与结构化""体系化与立体化"的"金字塔思维逻辑"，而在每个方面均又有着"延伸与聚集""剔除与加强""内部因素与外部因素"的延伸应用。这些思维路径，将会给广大读者在认知企业发展本质和发展思维提升上带来帮助。

何谓作业工具？

三位作者从事企业管理咨询多年，对通用的咨询作业工具驾轻就熟，本书将常用的一些咨询工具进行应用，目的不为模板化，而是希望广大商业模式转型设计者掌握这些作业工具，熟悉这种思维路径的表现方式，能快速、准确地进行商业模式的转型优化，并确保方式、方法的正确性以及结果的正确性。

所以本书最大的价值，并不是关于商业模式的正确认识、概念理解和实际操作，而是对组织运营内部规律的认知方法以及相应的作业工具。

本书内容为三位作者的多年工作经验积累，其中相关案例一部分为公开资料，一部分为三位作者实操案例。当然由于知识和经验有限，本书仍有不足之处。如对本书内容有不同观点，诚请读者朋友能够从专业的角度予以提出，同时就企业发展进行沟通和交流。

最后，热切期望阅读本书的企业家们能够用好本书中的观点和工具，挖好企业自己的商业模式之井，做大做强，成就基业长青的宏大理想！

万京

2019年10月

目 录
CONTENTS

第一章　拨开云雾——洞悉商业模式本质 ……………………………… 1
　第一节　如何理解商业模式 …………………………………………… 1
　第二节　商业模式转型设计的六项思维与九大要素 ………………… 4
　第三节　商业模式转型设计与企业战略 ……………………………… 8
　第四节　商业模式成功转型的四大特点 ……………………………… 10

第二章　商业模式提炼——创业不难 ………………………………… 13
　第一节　价值主张提炼 ………………………………………………… 13
　第二节　客户细分定位 ………………………………………………… 17
　第三节　渠道通路建设 ………………………………………………… 19
　第四节　客户关系管理 ………………………………………………… 21
　第五节　收入结构预测 ………………………………………………… 24
　第六节　关键业务梳理 ………………………………………………… 25
　第七节　核心资源与能力匹配 ………………………………………… 26
　第八节　重要伙伴管理 ………………………………………………… 28
　第九节　成本结构预算 ………………………………………………… 30

第十节　商业计划应用…………………………………… 31

第三章　商业模式优化——发展不难………………………… 40
第一节　优化设计之行业标杆路径……………………… 40
第二节　优化设计之价值链路径………………………… 43
第三节　优化设计之客户路径…………………………… 46
第四节　优化设计之渠道路径…………………………… 49
第五节　优化设计之产品路径…………………………… 53
第六节　优化设计之资源路径…………………………… 58
第七节　优化设计之知识路径…………………………… 61
第八节　优化设计之组织路径…………………………… 65
第九节　优化设计之管理应用…………………………… 68

第四章　商业模式完善——盈利不难………………………… 76
第一节　系统解决方案盈利路径………………………… 76
第二节　供应链金融盈利路径…………………………… 79
第三节　后续、辅助产品盈利…………………………… 88
第四节　高利润渠道创新盈利…………………………… 93
第五节　创新、领先产品盈利…………………………… 96
第六节　分拆业务盈利…………………………………… 99
第七节　价值链延伸盈利………………………………… 103
第八节　行业标准盈利…………………………………… 107
第九节　品牌延伸盈利…………………………………… 109
第十节　完善设计之管理应用…………………………… 110

第五章　商业模式整合——管理不难………………………… 114
第一节　商业模式延伸频谱……………………………… 114
第二节　商业模式整合路径……………………………… 117

第三节　商业模式升级路径 …………………………………… 123
　　第四节　商业模式整合的十二大步骤 …………………………… 131

第六章　商业模式管理——成就不难 ……………………………… 139
　　第一节　商业模式管理组织设计 ………………………………… 139
　　第二节　商业模式管理制度建设 ………………………………… 143
　　第三节　商业模式启动管理 ……………………………………… 146
　　第四节　商业模式运作管理 ……………………………………… 154
　　第五节　商业模式优化管理 ……………………………………… 166

第七章　实战出真知——借鉴不难 ………………………………… 169
　　第一节　客户细分升级案例解析 ………………………………… 176
　　第二节　客户关系管理升级案例解析 …………………………… 181
　　第三节　渠道通路创新案例解析 ………………………………… 189
　　第四节　价值主张转型案例解析 ………………………………… 195
　　第五节　资源整合案例解析 ……………………………………… 198
　　第六节　关键业务优化案例解析 ………………………………… 208
　　第七节　核心能力打造案例解析 ………………………………… 222
　　第八节　利润中心管理案例解析 ………………………………… 227
　　第九节　全面成本管理案例解析 ………………………………… 233

后记 …………………………………………………………………… 239

第一章

拨开云雾——洞悉商业模式本质

第一节 如何理解商业模式

商业模式的话题提出已久,许多企业家也是对此崇拜莫名,一旦企业的发展遭遇瓶颈或者发展速度不如意,就认为是自己企业商业模式的问题。笔者经过多年对企业家的管理研究发现,大多数企业的商业模式其实并没有什么大的问题,但在如何思考商业模式、如何管理商业模式、如何将商业模式的精髓贯彻和执行到位上出现了很多问题。

也就是说,再好的商业模式如果没有很好地执行,那也是毫无用处的。如何理解自己的商业模式,这需要企业家们对自己企业的商业模式进行全新的洞察和重新认识。

一、商业模式的重要性

在企业经营中,战略决定着企业的发展方向,产品和技术决定着企业价值的核心,组织架构是企业一切经营行为的保障因素。但如果没有商业模式,也就等于没有战略落地的载体;如果没有商业模式，产品和技术不知道如何转化成对客户有用的价值；如果没有商业模式，组织架构不知道为什么设立，又怎么运营。可见商业模式就是企业的运营核心和枢纽。具体见图1-1。

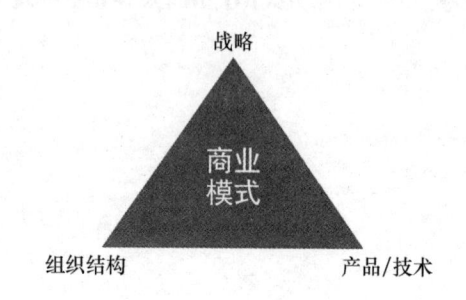

图1-1 商业模式在现代企业经营中的重要性

二、商业模式的地位

现阶段我国企业发展可谓是风云多变，困难重重。

例如最近几年来，由于受到国际金融危机的影响，我国许多外贸企业的经营比较困难；现在行业竞争激烈，对一些行业，国家逐年增大宏观调控力度，如对房地产行业就采取了大力的压缩政策。

另外，对广大企业来说，劳动力成本的上升导致了企业发展成本的加大；同时，互联网络的盛行，导致过去"电视广告一打，货款上门堆"的时代一去不返；信息的透明化使高价售卖的现象也已成过去。成本增加，销售困难，很多企业发展走进了死胡同。

在这些问题面前，企业哪怕拥有再正确的方向和定位、再好的组织架构和产品与技术，其产品和服务也都是"皇帝的女儿也愁嫁""酒香也怕巷子深"了。

这些问题应如何面对，怎么解决呢？必须依靠商业模式。依靠商业模式转型进行突围，进行内部挖潜，进行上游供应链和下游销售链的整合。

三、商业模式的内涵

我们先从两个例子来看：

第一个例子，如果你的钱从左口袋出去，在外面通过各个环节转了一圈，回到你右口袋时多出了 1 元钱，那这 1 元钱是怎么来的呢？这里面存在一定的逻辑。这个逻辑就是你的商业模式。

第二个例子，你的产品制造出来后，经过经销商、分销商及最终的用户得以销售，你的制造成本是 10 元钱，但回来的却是 12 元，那多出来的 2 元钱的背后有一定的逻辑。这个逻辑是你采取了一定的策略、方法、技巧找到了客户，找到了与客户打交道的方式，然后将产品销售给他们从而赚到了 2 元钱。这也是商业模式的逻辑。

由此可见，商业模式的内涵就是你通过一定的逻辑赚到了钱。

四、商业模式的基本特征

从上面的两个简单例子我们不难发现，商业模式都有三个基本的特征：

（1）一定要有针对客户的价值需求，不然别人不会接受你的逻辑，这就是价值主张。

（2）你有能力提供价值，即你有能力提供产品和服务，不然你没有资格开展如上的逻辑，这就是资源和能力。

（3）一定要盈利，否则你也不愿意这样做，这就是盈利能力。

所以，商业模式包含三个部分：价值主张、资源和能力以及盈利能力，其分别对应于企业价值链的价值发现、价值创造和价值传递三个阶段。

根据企业管理原理，企业要想拥有核心竞争力，想要得到长久的发展，需要力争在三个方面做到最好，也就是成功商业模式的三大特征：在价值主张方面要有差异性；在企业资源和能力方面要有难以复制性，提高行业的竞争门槛；在盈利能力方面应该具有难以超越的优势。

企业发展要素与成功商业模式特征对应关系如表1-1所示。

表1-1 企业发展要素与成功商业模式特征

	商业模式特征定义	成功商业模式特征
价值主张	指在一个既定价格上企业向其客户或消费者提供服务或产品时所需要完成的任务	独特的、差异化的
资源和能力	支持客户价值主张和盈利模式的具体经营模式	其他企业难以模仿的
盈利能力	企业为股东实现经济价值的过程	实现价值，或者达成预期目标的

第二节 商业模式转型设计的六项思维与九大要素

企业要想在价值主张、资源和能力、盈利能力三个方面取得优势，建立壁垒以降低商业模式成功实施的风险，就需要在商业模式所有构成因素的设计中贯入差异化的竞争思维。

一、商业模式的六大竞争思维

（1）创造市场与顾客的价值。思考究竟我们的产品可以为客户创造哪些价值？这些价值是否是客户迫切需要的？在市场上是否是不可取代的？

（2）区隔市场掌握客户需求。在设计商业模式时需要进行比较深入的市场区隔分析，设法发掘尚未满足的需求，并以差异化产品或服务来应对这类市场需求。

（3）构建价值链，掌握核心能力。企业如果想要分享价值链中的主要利润，则必须掌握其中的关键流程与资源。

（4）设计利润目标的成本与收入结构。一个完整的商业模式需要讲清楚计划实现的利润目标和成本与收入结构，并且让股东知道未来投资可能回报的方式和大小。

（5）构建价值网络的竞合关系。企业发展采取专注策略，依据自身的核心能力寻求最佳定位，以求在价值网络中创造竞争优势，建构良好的竞合关系。

（6）形成与维持竞争优势。竞争优势的关键在于，企业掌握了与创造顾客价值密切相关的核心能力与关键资源，而且这些能力和资源还能阻碍潜在的跟进者。

商业模式设计六大竞争思维如图1-2所示。

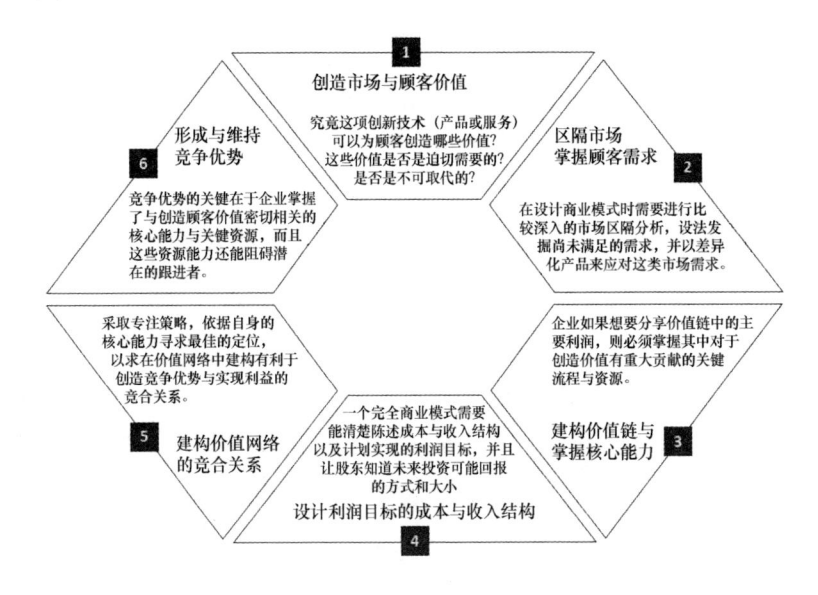

图1-2 商业模式设计六大竞争思维

二、商业模式的九大构成要素

（1）价值主张。我们能够为客户提供的核心价值，该价值主张应该满足如下的因素：首先是客户需要的；其次是能够促进客户满足自我价值的需求；最后是企业依靠产品和技术能够实现的。通常情况下企业会用自己的经营理念、产品卖点、利益性价值点等来体现。

（2）客户细分。描述最终的顾客群体，也就是产品的最终价值受益者。

（3）渠道通路。找到这些细分化的客户群体的路径，通常采用渠道模式的规划路径来描述。

（4）客户关系。与这些客户以什么样的关系在维持生意的进行。

（5）收入来源。都是通过哪些方法来获取收入的。

（6）关键业务。为体现价值主张，企业都有哪些核心的业务组成。

（7）核心资源。企业有哪些核心或者关键的资源来支撑自己的关键业务。

（8）重要伙伴。有哪些重要的供应伙伴或核心资源与能力供应商。

（9）成本结构。在运营过程中企业需要支付哪些成本。

商业模式九大要素如图 1-3 所示。

商业模式的九大要素中可以分别体现企业价值链原理中发现价值、创造价值和传递价值的构成原理。

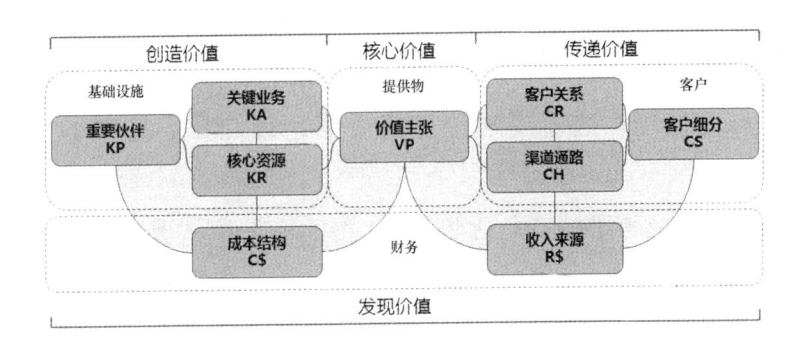

图 1-3　商业模式九大要素

三、六大思维与九大构成要素之间的关系

从上述构成因素来思考,我们不难发现:

(1)"创造市场与顾客的价值",需要在客户细分的基础上,从核心资源能力和关键业务能够提供的价值中进行解析,是两者的结合产物。单重视客户细分,容易陷入一切为客户考虑,结果造成自己难以发展的境地;而仅从核心资源能力和关键业务中解析可能造成产品有价值,但难以实现利润化的尴尬处境,也就是有产品但缺乏市场。

(2)"区隔市场,掌控需求",从客户细分中来看,企业要关注行业发展和客户需求变化,需要有差异化的思维和客户内在需求的洞察能力。

(3)"构建价值链,掌握核心能力",需要从渠道建设和客户关系的管理中寻找竞争力,从核心资源的掌控中获取优势,这是形成商业模式核心竞争力的重要组成部分。

(4)"设计利润目标的收入与成本结构",不但要考虑到如何增加营收,如何降低成本,还要考虑到如何进行长期的关系维持。

(5)"构建价值网络的竞合关系",供应商与渠道商都是产业链条中价值剩余的受益者，企业应该如何进行合理分配，确保自己获取最大的价值而又能与他们维持长期合作的关系，并持续在博弈中占据优势地位呢？这需要通过客户关系管理和核心资源的垄断来实现。

（6）"形成与维持竞争优势"，完善的商业模式要从全方位的竞争态势中进行思考，如对客户的竞争、合作伙伴的竞争、核心资源的竞争；同时，还要从合作伙伴资源供应对象的竞争、关键业务的行业竞争、价值主张的差异化竞争等方面进行全面的考量。竞争优势的形成与维持是商业模式转型中的关键所在，其成功与否关系到企业能否实现预期发展目标。

第三节　商业模式转型设计与企业战略

通常情况下，商业模式转型的目的是实现企业的战略目标，而且在转型之初，企业已经有了一定的资源和能力，或是产品，或是客户，或是资本，或是垄断性的资源，或是经营资源的能力等。而商业模式，就是企业实现战略目标的载体和路径设计。

企业资源在价值链中的位置不同，决定了商业模式转型设计的重点不同，如产品和技术领先的企业，一般会将战略定位在产品和技术领先上，而领先的产品和技术也能够给客户带来差异化的价值主张。而拥有健全客户网络体系的企业，一般会优先基于客户需求考虑如何进行收入来源的挖潜，以及扩张产品与技术的价值供给，继而推动整体战略目标的实现。而对于那些专长于运营管理的企业，其关注度会主要放在价值创造的关键环节。

为保持商业模式的先进性和科学性，能够为经营实体带来更多的价值和增值空间，我们还要用"聚焦和延伸法"进行进一步的思考。

产品领先的企业，不但要将价值主张提炼得更加让人难以模仿，还要以此来推动客户范畴的收入来源增加，并以此带动运营管理能力的提升。

客户关系领先的企业，要从客户深层需求的挖潜延伸到价值主张的差异化上来，进而推进运营管理能力的提升。

运营管理战略领先的企业，在夯实运营管理的优势下，要从价值主张的提炼和客户管理系统的提升上入手，这是价值最大化的做法，同时也是获取品牌溢价能力提升的睿智抉择。

商业模式与企业战略的匹配见图 1-4。

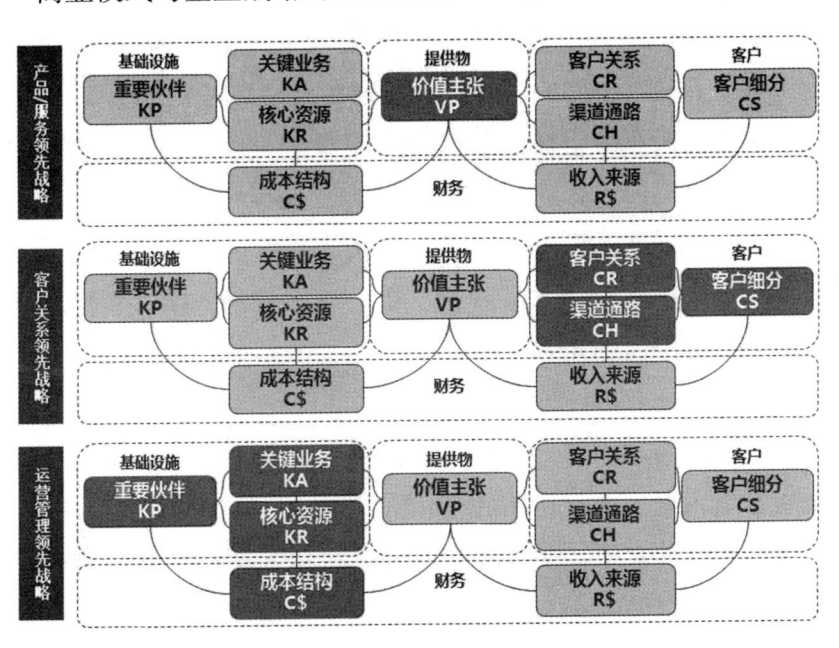

图 1-4 商业模式与企业战略的匹配表

第四节　商业模式成功转型的四大特点

商业模式转型是否成功与转型设计时的高度是分不开的,如果你的商业模式转型设计没有一定的高度,那么在实施的过程中就会经常发现,市场高地已经被竞争对手所占据,再抢占是要花费很大成本的。那么,如何确保商业模式转型设计的高度呢?

互联网行业的腾讯、盛大等公司运用网络的力量将吸引力极强的游戏推向市场,并借助资本市场实现了业务拓展和盈利。

酒店行业的如家、莫泰等公司采取网络订单的方式,实现了客户的关系管理,并以产品定位的区隔实现了终端连锁的快速拓展,在给予加盟商盈利空间的同时也通过资本上市实现了获益。

电子产品行业的康佳,采取降低运营管理系统成本和产品的差异化获得了市场的成功。

珠宝行业的九钻珠宝,通过差异化的品牌推广和终端建设,帮助其成为和众多历史悠久品牌相抗衡的珠宝大鳄,同时利用互联网推广大大提升了品牌知名度。

母婴用品行业的红孩子,利用互联网将6000多家供应商和销售商进行对接,通过妇幼保健医院等渠道、口碑营销等方式迅速在母婴消费领域占据高地。

家具行业的宜家,采取业务外包、统一品牌的模式实现了低资本投入发展的战略目标,同时通过店铺形象直营和网络订单获得大量消费者的青睐。

家电行业的格力电器,采取"供应链金融模式"成功获取了下游的预付款和上游的应付款延缓,同时由于产品的性能优越性获取了市场份额的提升。

……

通过以上，我们不难发现这些成功的商业模式都具有如下特点：

（1）注重产品市场。传统行业往往会更重视产品与市场，因为产品与市场的概念易于理解，企业要关注品牌的核心竞争力是什么？价格定位、渠道定位、消费者定位以及传播策略、运营机制和管理系统又各是什么？就像如家酒店进入"过剩"产业、分众传媒进入"概念"产业、天娱传媒的"草根革命"、九钻珠宝的"网络零售"等，这些想法都瞄准了企业发展的战略结合，并且和竞争对手具有明显的差异性。

（2）资本市场上有吸引力。资本市场不关心你卖什么，关心的是你能讲一个什么样的故事，故事能否被下列几类人——基金公司、PE（私募股权投资）、VC（风险投资）、券商、私募基金和上市后持股的股民们喜欢。资本的"投机"行为撬动了产业，除了上市融资外，风投的力量也不容忽视。而对风投进行第一轮融资，再通过资本上市进行二次融资已经成为众多企业发展的惯例。同时通过资本市场，企业可获得更多的资源进行各项运营管理的强化，模式得以复制从而快速实现盈利空间的扩张。

（3）充分借助互联网的力量。最近成功的商业模式中，无一例外地与互联网有关，像腾讯、盛大、携程、百度是直接经营互联网业务，新东方、如家和顺驰等采用的是网络式的连锁经营，九钻珠宝通过互联网进行零售。这些企业的成功究其原因，主要在于较好利用了网络资源，实现了低成本甚至零成本业务拓展，使其在与传统企业竞争上占尽了成本上的优势。

（4）对产业链的控制权。这些成功的公司还有一个共同的特点，就是善于借用外力，同时绝不丧失企业业务发展的主导权。无论是生产业务外包，还是销售业务外包，即使是技术研发的外包，这些企业都是牢牢掌握其业务运营的主导权。大量的案例证明，商业模式转型的必要条件是，必须是"自己"的公司，否则即使成功，也是"昙花一现"，之后就会全面崩溃。

思考题：

1. 商业模式的本质是什么？它在企业经营要素中起到什么样的作用？

2. 您能否按照商业模式的基本架构现在就进行商业模式的梳理或者设计？试着做下，看自己的商业模式是什么样的。（在学习后面内容后再进行对照）

3. 您如何用商业模式对企业的经营要素进行整合？

4. 您的商业模式是否很先进？是否关注到了六项思考角度和四大特点？和同行相比较是否是先进的模式？

第二章

商业模式提炼——创业不难

第一节 价值主张提炼

商业模式转型需要关注产品与技术的发展，以及资本市场的变化，但有些企业尽管可能存在产品与技术的短缺，或资本的短缺，却具备一定的整合能力。根据价值传递原理，价值主张的提炼需要从四个角度、面对四个对象来进行，同时需要关注当地的宏观环境。价值主张提炼的逻辑架构图如图2-1所示。

图2-1 价值主张提炼的逻辑架构图

注：该处的"产品与技术市场"主要指产品与技术提供方市场，是管理要素的关键组成，而不是指产品与技术的销售市场。

下面,我们就以一家粮食物流产业园的商业模式转型为线索,来系统介绍一下。

一、宏观环境分析

1. 政治

粮食作为影响国计民生的战略性资源,粮食安全被国家视为首要的国家安全保障。在地方建设粮食物流产业园的重要意义就在于促进当地粮食物流产业的发展,确保地方上的粮食安全。所以这应该是地方政府大力支持的产业。

2. 经济

企业能否进行区域性投资,我们首先要看当地的经济发展水平、区域经济对外来资本冲击的承受能力,以及当地行政管理的配套能力、居民在粮食方面的可支配收入等,这些因素决定着在当地投资的未来前景。举例说,如果在一个GDP不足千亿的城市进行百万吨级的粮食物流可能是不现实的。

3. 文化

一个区域的当地文化决定着其经营产品的类别,正如在一个主要吃大米的地区主营小麦就不大合适。如果一个区域能接受外来事物,能够接纳新鲜事物,那么就是当地居民的文化价值观能够和该商业模式相容纳,则我们站在文化的角度进行商业投资就是可行的。

4. 科技

当地的科技发展水平是影响投资决策的重要影响因素,如当地缺少高科技,就需要考虑物流产业园管理的手工时代、互联网时代、物联网时代和云管理时代不同阶段管理工具的适用性问题,否则可能会出现与当地的硬件设施不匹配或者与当地人力资源素质不匹配的情况,最后导致粮食深加工的设备技术水平跟不上,给经营造成不利的影响。

做了宏观环境因素的评估，我们对物流产业园的层次界定、格局概况、业务主体等有了概略的认知后，又做了四个市场的评估，先评估有没有，达不到要求的则需要考虑如何进行整合；如果是整合，则需要考虑以什么样的价值主张来吸引投资。

在价值主张的提炼过程中，需要采取"三层次理论"进行分析，即从核心需求、重要需求、延伸需求三个方面进行。见表2-1。

表2-1 价值主张提炼的"三层次理论"分析

客户市场	核心	性价比高的匹配产品。经销商会考虑价格低的好产品，物流商会考虑合理的物流价格
	重要	以物流产业园为平台进行经营管理理念的学习，以促进自己的经营管理技能提升
	延伸	服务周到，方便、快捷，服务好
产品与技术市场	核心	投入回报理想，快速收回投入并得到利益回报
	重要	管理规范配套，应用顺利，能够长期收到服务性收费
	延伸	服务实施效果好，能够成为案例提升品牌形象
资本市场	核心	投入产出合理，资本收益率良好
	重要	现金流充足。现金流可能成为银行或资本投入的主要考核指标之一，所以现金流成为关注点
	延伸	有足够的市场份额，如银行在考虑现金流的基础上，可能还需要考虑和其他银行的市场份额的竞争，从而提升整体的品牌影响力
供应商市场	核心	有良好的销售场所，解决销售通路问题
	重要	成为交易的场所，能够为下游客户提供物流等服务
	延伸	市场信息的获取，为企业决策提供决策依据

由上述分析可见，一个完善的粮食物流产业园不仅仅是一个粮

食交易市场，而且需要其他配套设施，这些配套设施，是需要招商来解决的。而如果没有好的商业模式招商则变得困难。

就像银行业除提供银行现金流服务外，还可以提供供应链金融产品的服务；地产商提供商业用地的资质及各种建筑；服务业提供餐饮住宿、会议论坛以及商务服务等；物流业提供分销物流和仓储；加工业提供产品的深加工；技术市场提供管理软件；人力资源机构提供人力资源招募、培训及参与业务运营的绩效考核等，均需要以商业模式为载体进行价值主张的吸引。你要么成为客户，要么成为经营参与者。在此商业模式可以起到非常好的招商作用。

总结以上，一个完善的粮食物流港商业模式的价值主张可以简略为如下的六大价值系统：

（1）商贸投资。

（2）地产投资。

（3）系统解决方案。

①物流服务。

②资本服务。

③商业模式服务。

④品牌服务。

⑤生产服务。

（4）技术/项目需求（技术价值发现、技术催熟、技术转移、价值兑现）。

（5）研发服务及研发平台（技术）。

（6）公关技术服务，行业技术研发及推广（技术）。

在此之所以将六大价值系统列举出来，主要是为让客户了解粮食物流产业园的整体运营价值，并借此吸引其进行投资、参与运营、成为客户或者服务支撑等，这是资源整合的必要选择。

当然如果在短时间内无法整合全部的资源，或者自身已经具备了部分资源能力，则可以进行部分资源的整合，那么价值主张方面应删除相关的部分。

第二节　客户细分定位

客户是企业的上帝，也是企业商业模式成败的上帝！明确商业模式的价值主张后，企业要对客户进行全面的关注，在这家粮食物流产业园的商业模式转型过程中，根据价值主张的对象，我们列举出如下十大客户群体：

（1）粮食贸易商：销售粮食产品。

（2）物流商：销售粮食运输信息，该业务在产业园中承担的是信息中介的功能。

（3）物业服务商：向客户出售的是经营场所，正常由上下游客户缴纳费用，后由产业园向物业服务商支付；或由上下游客户直接缴费用于物业服务，产业园收取管理费用。

（4）第三产业服务商（餐饮、住宿等）：商业地产的租赁或出售。

（5）银行：销售现金流或供应链金融带来的附加商机价值，如提供整体的金融担保，促进银行分支机构完成现金流或信用放贷指标等。

（6）地产商：提供商业用地的各项手续办理和提供建筑等，因为这方面的投资巨大，对其最好的做法是吸引他们先提供建筑，后进行按揭或者入股运营等。

（7）电子运营商：吸引其入股运营或者以融资租赁的方式进行

运作是不错的思路。

（8）产业研究机构：客户群体带来的商机价值。

（9）行业协会：经营场所及业务带来的信息价值。

（10）广告商：经营场所及其带来的信息商机价值。

其中前三个为下游客户，对其销售的是粮食产品和粮食业务；中间三个可以为下游客户及合作伙伴或者运营共同体，对其销售的是粮食的附加产品，即粮食交易产生的现金流、交易场所和必要的附加服务；而后三个则主要为边际客户，而部分又承担着合作伙伴的职能。对后三者的业务构成，销售的则不完全是粮食这一品类产品，而是由此带来的附加产品，如粮食信息、因粮食交易而形成的其他信息等。

在此我们也可以看出，就粮食物流产业园具体的产品销售而言，也是分为三个层次的，那就是核心产品、产品带来的附加服务以及产品延伸后的虚拟性或概念性产品，并由此组成了产品匹配客户的三个层次。

上述的客户群体中，除粮食贸易商是作为直接的下游客户外，其余都可以作为价值创造部分的合作伙伴。该部分主要看双方的金融价值链的走向。如果是向物流产业园缴纳场地租售费用或管理费用，则可以作为下游客户；如果是物流产业园作为运营主体，向它们支付佣金或服务费用，则可以作为上游的合作伙伴。

价值主张对应客户细分，客户细分必须有相应的价值主张进行支撑。两者的关系如图2-2所示。

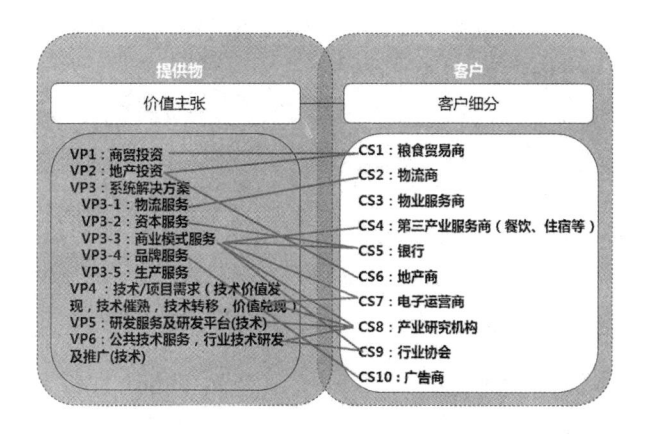

```
┌─────────────────────┬─────────────────────┐
│      提供物         │       客户          │
│     价值主张        │      客户细分       │
├─────────────────────┼─────────────────────┤
│ VP1：商贸投资       │ CS1：粮食贸易商     │
│ VP2：地产投资       │ CS2：物流商         │
│ VP3：系统解决方案   │ CS3：物业服务商     │
│ VP3-1：物流服务     │ CS4：第三产业服务商 │
│ VP3-2：资本服务     │      （餐饮、住宿等）│
│ VP3-3：商业模式服务 │ CS5：银行           │
│ VP3-4：品牌服务     │ CS6：地产商         │
│ VP3-5：生产服务     │ CS7：电子运营商     │
│ VP4：技术/项目需求  │ CS8：产业研究机构   │
│  (技术价值发现,技术 │ CS9：行业协会       │
│  催熟,技术转移,价值 │ CS10：广告商        │
│  兑现)              │                     │
│ VP5：研发服务及研发 │                     │
│  平台(技术)         │                     │
│ VP6：公共技术服务,  │                     │
│  行业技术研发及推广 │                     │
│  (技术)             │                     │
└─────────────────────┴─────────────────────┘
```

图 2-2 价值主张与客户细分对应图

注：物业服务商为提供物业管理的外包服务公司，可以作为产业园经营的组成部分，在后续经营过程中进行引进，所以在此可以不作为客户进行考虑。

第三节 渠道通路建设

如何找到那些能掌握客户群体的合作伙伴是商业模式成败的关键，对客户信息接收通路和兴奋点的把控将成为渠道通路建设的关键，本节内容主要介绍渠道通路的寻找方法。

首先，对客户群体信息接收通路的设计。如在报纸、网络、电视广告、招商专刊等媒体上做广告，甚至是员工直接登门拜访等，或者采取新闻发布会的方式，或参加政府部门组织的项目投资洽谈会等，都会吸引客户注意到产业园的招商计划和价值主张。

其次，对客户接触点进行规划：如针对银行，不一定直接去跟银行行长进行接触，与其招商部或者公关部进行接触就能够将信息准确传达出去，本来这些部门就承担着银行的布局点开发、新业务开发和新产品的推广应用等职责。

最后，对招商客户进行筛选。不一定所有意向客户都能成为自己的最终合作客户，企业需要按照规划标准进行客户准入门槛的限制。在客户满足条件后最好先签订合作意向，再对其进行考察，如果可行则纳入合作伙伴系列。

在上述的渠道通路建设中，要准确把握渠道客户的质量，自己的招商团队建设至关重要，其主要承担着如下九大职能：

（1）深刻理解商业模式的后续运营，至少能够模拟出后续合作客户的运营要求。

（2）根据运营方向和目标对招商对象的职能进行描述，要明晰承担的责任和义务，能够提供营业性收益和业绩条件等。

（3）根据职能和角色进行准入门槛的设计，即基本需要达到的条件。

（4）对客户所在地及其信息接触点进行摸排，并根据结果制定可行的传播策略。

（5）设计招商计划书和招商广告，进行媒体的推广。

（6）组织政府资源进行新闻发布和报刊等媒体的宣传。

（7）客户信息的接收，对接收到的信息进行即时筛选、评估和确定意向洽谈的时间、地点、人物、场景等的设计。

（8）意向客户接洽和洽谈。

（9）拟定合作合同并进行合同的签订。

所以在商业模式转型设计中，不但要有渠道的规划，招商团队的建设也是要考虑的内容之一，其核心价值在于为后续的招商提供指导。

第四节 客户关系管理

有了客户后,对其分别进行短期、长期、财务效益和社会效益分类的客户关系管理将成为商业模式成功的基础,这是商业模式设计后续经营的重点。本节继续通过粮食物流产业园商业模式的转型,介绍商业模式中客户关系管理的主要原则及客户关系管理的重要内容。

一、客户关系的层次划分

首先要对客户进行分类,按照合作的层次分为紧密型合作客户、半紧密型合作客户和松散型合作客户;其次按照重要性来分类,可以分为战略性合作客户、一般性合作客户和替代性合作客户。

其分别具有的特征如表 2-2 所示:

表 2-2 客户关系的层次划分表

客户分类	紧密型	半紧密型	松散型
战略性	该部分客户可以作为股权投资方参与后续的日常经营	企业控股,作为后续经营的主体之一	核心客户
一般性	作为控股公司,成为经营和产业链延伸的经营部分	可作为控股公司	重点销售客户
替代性	可考虑作为控股公司	重点销售客户	普通销售客户

作为整体投资方的客户,应从资本治理结构的角度进行管理,但业务的管理仍然要遵从于一般销售客户,控股公司或者参股公司亦如此。

二、客户关系的主要形式

对于一般性的销售客户，采取的管理方式主要如下：

(1) 给予量贩政策：即采购得多，给予级差性的返利或者佣金性的返利，该返利可以通过培训、信息提供、大客户餐饮和商务等优惠方式进行兑现。

(2) 联合运营：物流产业园以信誉作为保障提供商品，客户提供网络，这样实现阶段性时间内的商品套现后，双方根据协议进行利益分配。

(3) 运营场所：提供采购地的办公场所，该方法更加适合于既进行粮食供应又进行分销的客户。

(4) 整合运营：粮食物流产业园提供运营场所作为合作的基础，以收取佣金或者利润分成的方式进行运营监管和参与运营。该方式主要以为客户提供便利条件作为产品。

(5) 租赁经营：粮食物流产业园采购加工设备或运营系统软件等，提供给第三方经营，收取分成或经营佣金的方式。该方式主要适用于有经营能力但缺少硬件设施的客户。

三、客户关系管理体系的搭建

客户关系管理属于营销管理的范畴，在商业模式设计中亦成为运营要素的核心，整体的系统搭建结构如图 2-3 所示。

客户关系管理体系主要包括：

(1) 业务蓝图规划：该部分反映商业模式后续的业务目标设想。

(2) 营销管理系统：包括市场品牌管理，主要指产品管理、区域管理、人员管理的界定及权限配置；客户关系管理，这里更多的是合作方式的管理及信用额度的管理；营销费用管理，主要指营销

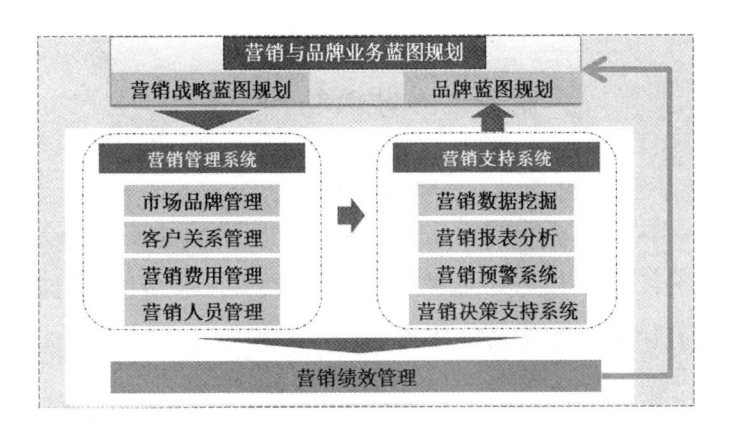

图 2-3 客户关系管理体系

人员的费用报销、预算与执行结果的评估等；营销人员管理，主要指营销人员的工作记录管理及日常行为管理。

（3）营销支持系统：主要是营销决策的信息处理，包括营销数据挖掘，主要指营销信息库的建设；营销报表分析，主要是根据决策者的需要进行营销主题的确定及相关的报表分析。

（4）营销预警系统：主要指根据营销数据仓库的分析，将其中的预警性客户进行自动预警的提醒。

（5）营销决策支持系统：主要是进行策略库及相关原则，以及对各层级营销人员权限设置的配置系统。

（6）营销绩效管理系统：主要指根据上述的作业内容和营销战略目标的实现进度，对各人员进行绩效指标分解后，进行周期性的考核，并将之与员工的收入相挂钩，从而建立绩效考核系统和薪酬核算系统。

完善的客户关系管理体系既能够反映实践经营中的收入结构，同时其中的费用也是经营成本的重要内容体现。而就体系建设本身而言，也是商业模式成本之一。

第五节 收入结构预测

收入结构是商业模式的宗旨,是企业使用商业模式的关键缘由。本节主要介绍商业模式中收入结构的来源,收入结构的优化及挖潜的路径将在第四章中进行详细介绍。

商业模式创新中的收入结构主要包括三个部分(见图2-4):

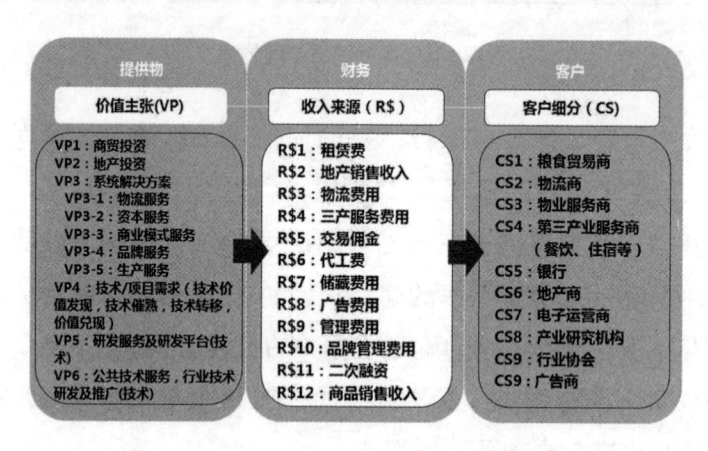

```
提供物                          财务                    客户
价值主张(VP)                收入来源(R$)            客户细分(CS)

VP1:商贸投资              R$1:租赁费              CS1:粮食贸易商
VP2:地产投资              R$2:地产销售收入        CS2:物流商
VP3:系统解决方案          R$3:物流费用            CS3:物业服务商
VP3-1:物流服务            R$4:三产服务费用        CS4:第三产业服务商
VP3-2:资本服务            R$5:交易佣金                 (餐饮、住宿等)
VP3-3:商业模式服务        R$6:代工费              CS5:银行
VP3-4:品牌服务            R$7:储藏费用            CS6:地产商
VP3-5:生产服务            R$8:广告费用            CS7:电子运营商
VP4:技术/项目需求(技术    R$9:管理费用            CS8:产业研究机构
价值发现,技术催熟,技术    R$10:品牌管理费用       CS9:行业协会
转移,价值兑现)            R$11:二次融资           CS9:广告商
VP5:研发服务及研发平台    R$12:商品销售收入
(技术)
VP6:公共技术服务,行业技
术研发及推广(技术)
```

图2-4 收入结构逻辑架构图

(1)直接的销售收入:在本案例中的直接销售收入主要有粮食的贸易销售收入;经营场地的租售收入;粮食的代工、代储、代运收入;物业管理、餐饮住宿等直接销售收入。

(2)服务的销售收入:供应链金融后的费用差、物流中介与信息管理费用、客户信用担保收益、广告服务费、网络营销的信息管理费、公关商务活动的收费等。

(3)二次融资收入:上下游客户现金流统一管理后由该现金流带来的其他投资项目收益等。

第六节　关键业务梳理

关键业务在商业模式创新设计中是价值主张的关键载体和支撑点，同时必须满足细分客户的需求。下面我们逐一列举针对细分客户同时又支撑价值主张的关键业务（见图2-5）。

价值创造
- 代工业务
- 代储业务
- 代运业务

价值发现
- 供应链金融业务
- 人力资源管理业务
- 品牌传播业务

价值传递
- 销售业务
- 网络营销业务（期货业务）
- 商业地产业务
- 第三产业业务（餐饮住宿、商务会议、广告等）

图2-5　粮食物流产业园业务架构图

（1）粮食贸易商。必须有大量粮食的仓储式销售平台，对原粮有需求的客户必须有原粮储备销售平台，同时为满足销售信息沟通或便捷，最好配备网络销售平台，甚至有期货交易平台。

（2）物流商。最好有三方物流运营公司或四方物流运作平台。

（3）物业服务商。由物业管理系统或者物业管理平台进行对接。

（4）第三产业服务商（餐饮、住宿等）。商业地产运作业务平台进行对接管理或直接进行服务的支出。

（5）银行。成立供应链金融管理平台或者信用担保平台予以对接是最理想的选择。

（6）地产商。商业地产服务管理平台。

（7）电子运营商。电商服务管理平台建设。

（8）产业研究机构。由电商服务管理平台或成立专业的信息研究机构进行产业研究。

（9）行业协会。由电商服务管理平台或成立专业的信息研究机构进行产业信息研究。

（10）广告商。由品牌运营管理平台进行管理和针对性的服务。

根据价值链的传递原理以及更好地提供服务，还可以再加上人力资源服务业务。

第七节 核心资源与能力匹配

核心资源与能力匹配是商业模式中决定关键业务的必要条件，资源的具备与否是商业模式成败的决定因素。资源和能力主要包括既有资源和待整合资源两大部分，细分的话又有人、财、物等的核心资源与能力，这需要按照企业价值链的模式进行匹配。

还是用粮食物流产业园的案例来说明。

一、粮食物流产业园的核心价值链需要的核心资源与能力

（1）原粮/粮食供应：原粮/粮食供应商的整合和招商能力，包括产品输入的物流整合能力。

（2）代工：粮食深加工能力或粮食深加工工厂的整合能力。

（3）内部物流：储存能力或储存仓库的整合能力。

（4）销售：销售能力或销售平台的运作能力。

（5）外部物流：物流管理或整合能力。

（6）售后服务：品牌运营管理能力。

二、辅助价值链需要的核心资源与能力

（1）品牌运营：与当地政府资源的整合能力，或公关运作能力，如果能得到地方政府的承诺则更好。

（2）战略管理：运营管理体系的搭建。

（3）财务管理：供应链金融或信托担保运作能力、审计与监控等的能力，更加关键的是资本的来源是否充足。

（4）人力资源管理：核心是管理层的整合能力。

（5）第三产业服务管理：第三产业服务的管理模式设计及客户合作的管理能力。

三、整体的运营管理能力

（1）商业模式的设计：关联到其中设计的科学性，商业模式应用的资本投入模式。

（2）运营管理：运营管理的主要架构体系、资本治理结构、业务管控模式、关键岗位人才储备等。

如果上述内容不完全具备，则将需要对整合的核心资源与能力进行详细的计划，对可能的威胁及预防措施等进行详细计划（见表2-3）。

表2-3 整合运营管理能力计划

序号	资源和能力需求	整合计划	可能威胁	预防策略	执行人	需要资源
1						
……						
N						

第八节 重要伙伴管理

如果将粮食物流产业园看作一个经营主体,那么它的重要伙伴就是供应商;如果将粮食物流产业园看作多个经营主体的联盟组织或者集团公司,那么它的重要伙伴就是这个组织的合作伙伴或者供应商群体。如果所有的业务不能独立进行全新建设,那么就需要这些重要伙伴。

一、价值链倒推法枚举重要伙伴

(1) 原粮/粮食供应商:提供原粮/粮食供应,同样需要招商引进。

(2) 代工厂商:引进生产加工性工厂或自建工厂进行配套。

(3) 物流商:进行内外部和前后物流,如果具备仓储能力,则可以考虑不再需要仓储供应商。

(4) 产业园建设需要的工程承包商。

(5) 产业园建设需要土地供应商或者政府进行土地规划。

(6) 产业园需要的供应链金融服务,需要银行提供该业务服务;需要大量资本融资;需要通过融资机构或银行进行投资。

(7) 产业园需要的规范化管理,所有需要IT管理提供商、管理咨询公司或者其他服务外包公司。

(8) 为提高经营业主进驻时政府文件的办理和各项税费的缴纳等的方便性,可能还需要经济城模式运营的机构。

二、重要伙伴的管理

上述供应商的价值远远超过销售客户的价值，因为这些是粮食物流产业园建设前的必备条件。为方便以后运营管理，重要伙伴的管理主要有如下几点：

（1）确定这些伙伴的定位：是在契约条件下的独立运营，还是在资本控股下的事业部制运营，还是别人投资自己进行托管运营。

（2）资本治理结构的规划：按照定位进行资本治理结构的规划，确定相关规模的投融资和经营模式的规划。

（3）编制科学的商业计划书：内容必须包括业务范围、业务可能的业绩产出（市场预测）、运营绩效、价值利益、服务条件和制约等，以及未来三年的财务模拟。

（4）招商：等同于销售商的招商，可以进行网络、政府招投标、报刊媒体等的信息发布，根据进入门槛的不同进行伙伴的筛选。

（5）商务与合作：双方进行商务洽谈和后续的合作。

（6）合作中的关系管理：如果是自己控股的合作伙伴，则可以按照资本构成进行利润分成；如果是自己参股的合作伙伴，可以采取资本构成分红外再加上一些产业园股权或期权的赠送；如果是租赁经营模式的合作伙伴，则可以采取按揭采购外加期权赠送或业务量级差激励的模式进行。

（7）伙伴的更替和优胜劣汰：建立周期性（一般为三年）的伙伴评估和更替机制，对评估不达标的合作伙伴进行全新招投标和整改，以此形成内部竞争和优化服务的机制。

第九节 成本结构预算

"善战者,先谋败后谋胜"。商业模式运营的成败在于事先的谋定,所以成本结构的预算需要从经营的角度来分析可能的成本结构与收入结构,以此来预测商业模式运营的商业价值。

一、成本结构的构成

(1)投资成本:主要是基础建设的投资,包括土地成本、建设成本和设计成本。土地成本需要计算到土地购置、转让金、税金等;建设成本需要计算到建设商的招投标费用、建设资金、原材料、各项管理费等;设计成本包括各项工程规划设计、产业园商业模式设计成本、各项预算书的制作成本等。

(2)经营成本:经营成本包括正式运营前的成本和运营后的日常成本。运营前经营成本包括水电费用、人员费用、外包业务的费用支付等;运营后的日常成本也大概如上,主要差异在于费用项目细分的差异性和后续分摊的核算方式不同。

二、各项成本结构的分摊

投资成本和运营前的成本支出正常归于总投资成本范畴,后续的日常支出归于运营费用。总投资成本需要通过后续的经营进行投资回报率的核算。正常的算法主要有两种:

(1)平均年限法:投资回报年限=总投资成本/(年度总收入-年度总经营成本)。

(2)经营演绎法:按照预测的经验曲线,寻找利润平衡点。如

图2-6及表2-4所示。

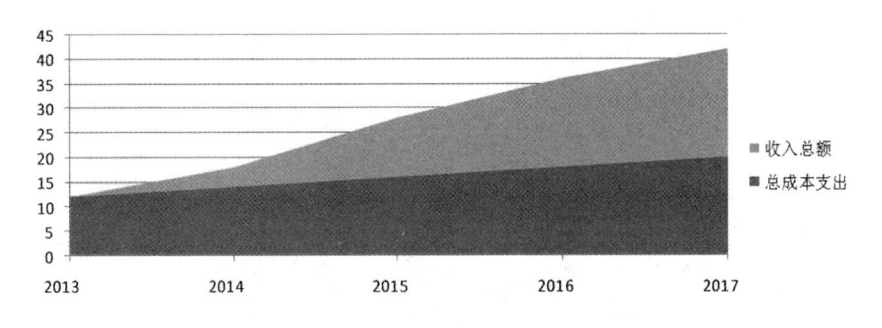

图2-6 经营预测业绩图

表2-4 经营预测业绩表

年份	总成本支出/万元	收入总额/万元
2013	12	0
2014	14	4
2015	16	12
2016	18	18
2017	20	22

通过图2-6我们可以看出，在2016年时可以实现投入的全部回报，而投资回报期限为4年。

第十节 商业计划应用

一、商业模式创新设计总结

完成以上九个模块的设计后，我们将这九个模块的内容按照商业模式的架构来梳理一下，就可以得出如图2-7所示的粮食物流产业园的商业模式总体架构图：

关键业务（KA）		客户关系（CR）	
KA1：商业地产运营 KA2：物流运输 KA3：技术服务 KA4：资本方案解决 KA5：科技/技术提供 KA6：电子商务运作 KA7：招商运作 ……	价值主张（VP） VP1：商贸投资 VP2：地产投资 VP3：系统解决方案 VP3-1：物流服务 VP3-2：资本服务 VP3-3：商业化服务 VP3-4：品牌服务 VP3-5：生产服务 VP4：技术/项目需求（技术价值发现，技术催熟，技术转移，价值兑现） VP5：研发服务及研发平台（技术） VP6：公共技术服务，行业技术研发及推广（技术）	CR1：最贩政策 CR2：联合运营 CR3：平台运营 CR3-1：运营场所 CR3-2：整治运营 CR4：租赁经营	
重要伙伴（KP） KP1：银行等资本提供商 KP2：地产商 KP3：物流商 KP4：服务商 KP5：第三方智业机构 KP6：电子运营商 ……	核心资源（KR） KR1：模式设计 KR2：运营管理体系 KR3：作业指导团队 KR4：服务 KR5：科技/技术 KR6：电子运作平台 KR7：招商平台	渠道通路（CH） CH1：网络招商 CH2：地面招商 CH3：政府平台招商 CH3-1：项目招商 CH3-2：政绩平台招商 CH4：品牌招商	客户细分（CS） CS1：粮食贸易商 CS2：物流商 CS3：物业商 CS4：第三产业服务商（餐饮、住商等） CS5：银行 CS6：地产商 CS7：电子运营商 CS8：产业研究机构 CS9：行业协会 CS10：广告商
成本结构（C$） C$1：商业模式规划与投入费用分摊 C$2：地产投入资本分摊 C$3：运营流动资金投入分摊 C$4：日常运营成本 C$5：银行费用 C$6：利润分成 C$7：……		收入来源（R$） R$1：租赁费 R$2：地产销售收入 R$3：物流费用 R$4：三产服务费用 R$5：第三产业服务费用 R$6：代工费	R$7：储藏费用 R$8：广告费用 R$9：管理费用 R$10：品牌管理费用 R$11：二次融资 R$12：商品销售收入

图2-7　粮食物流产业园商业模式总架构图

二、商业模式创新设计的运营体系化

拥有商业模式的创新设计，尚无法形成价值创造，还需要将之转换成运营模式才能真正成为对经营具有指导意义的价值性纲领。

那么如何转换呢？我们需要按照组织设计的原则进行。

商业模式描述的是商业逻辑，是组织设计中的业务要素，需要我们有组织地进行组织架构、运营体系和管控架构、流程架构等全面设计。具体的设计步骤会在第六章进行工具和流程化的描述。

图2-7所示的商业模式总体架构图，很难让合作客户看清楚商业模式的核心表现，我们如果按照价值链的形式进行转换，就能得出下列的商业模式运营体系图示（粮食物流产业园按照粮食区位的主产区、临港区和主销区划分，其上下游环节的伙伴对象不同，所以其表现也不尽相同）（见图2-8至图2-10）：

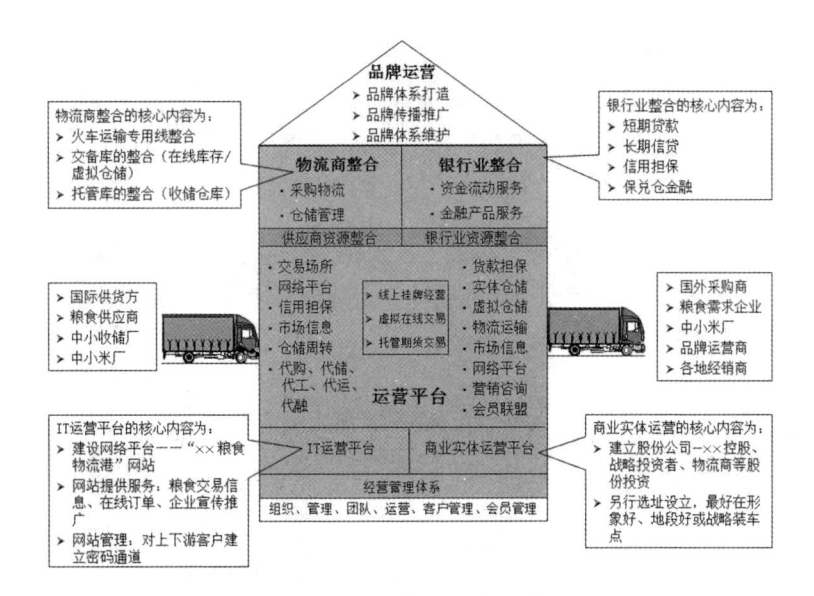

图 2-8 主产区粮食物流产业园运营架构图

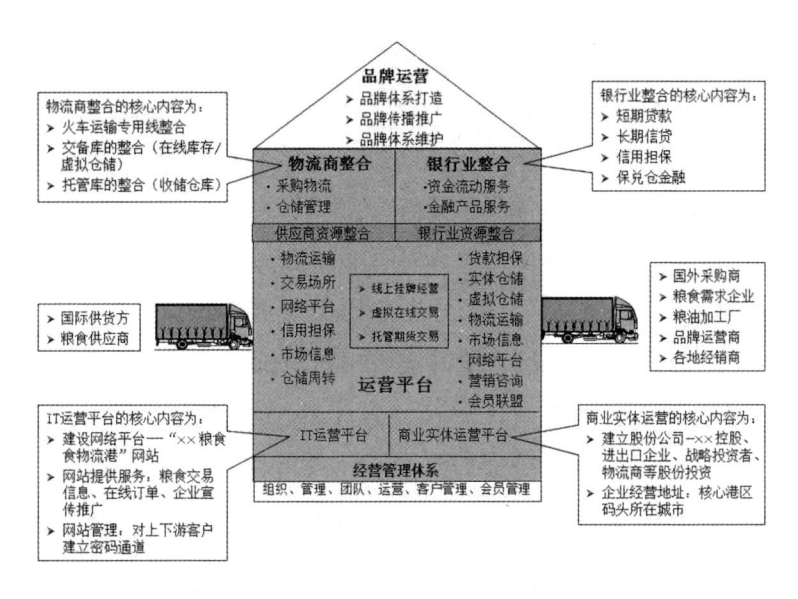

图 2-9 临港区粮食物流产业园运营架构图

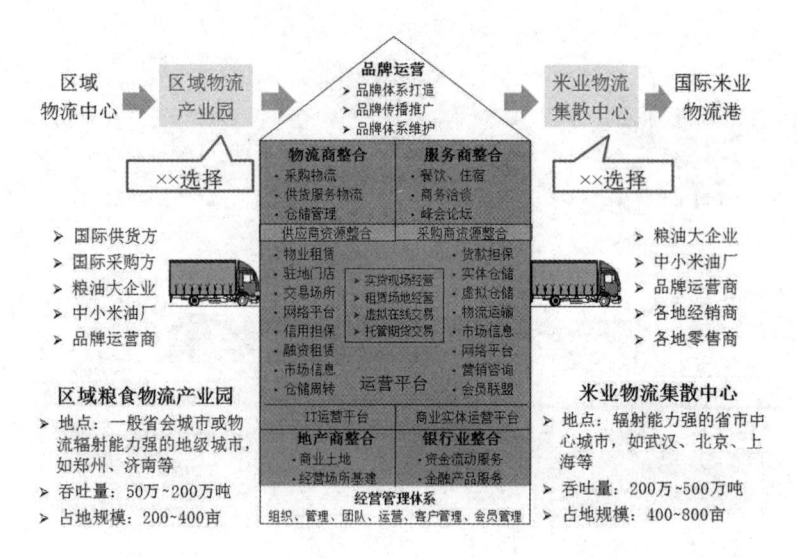

图 2-10 主销区粮食物流产业园运营架构图

主产区粮食物流产业园的主体功能是搭建粮食的采购、仓储和对外物流的运营平台,所以重在资源和核心能力的整合。

临港区粮食物流产业园的主体功能在于其作为中转基地而进行国内外、港口内外的粮食周转,所以其重在仓储物流和信息的交互管理。

主销区粮食物流产业园的主体功能在于其作为流通基地而进行的粮食分销,所以其重在仓储物流和销售客户的管理。

有了上面三个图,我们就可以看出运营架构图主要包括:

(1)商业模式的定位:区域物流中心、区域物流产业园、物流集散中心,还是国际性物流港?四个层次的定位决定了物流产业园的规模和管理层次的不同。

(2)价值链的三方主体:供应商客户群体、经营主体和销售商客户群体。

(3)四大关键业务:实货现场经营、租赁场地经营、虚拟在线交易和托管期货交易。四大关键业务分别隶属于商业实体运营平台和IT运营平台的范畴。

（4）以关键业务作为反映的价值主张，主要包括为上游客户提供的服务和价值主张，为下游客户提供的服务和价值主张。

（5）核心能力板块为组织、管理、团队、客户管理、会员管理的经营能力和品牌化运营能力。

（6）重要伙伴为物流商、服务商、地产商和银行业的四大板块整合。

三、商业投资应用

商业模式创新设计最大、最多的用处在于，帮助经营者进行全新投资，最初多为商业投资而用，首先在于为商业计划书的编制提供蓝图，其次才是为以后的经营提供运营操作的指导。

商业计划流程正常包括如图2-11所示八个步骤：

（1）商机获取。企业家们往往因为机缘巧遇而得到创业有关的信息，或技术信息，或资源信息，或经营人才信息，或市场需求信息，不一而论。

（2）商机判断。对商机的前景和未来、投资与回报、市场与运营、资源与能力等进行全面诊断后方能确定该商机是否值得去把握。

（3）商业模式规划。商机判断后，为将商机落地为运营体系，商业模式的规划需要按照前文所述的步骤进行细致的规划。

（4）商业计划书编制。商业计划书主要包括宏观环境分析、对标分析、商业模式、合作伙伴价值点分析、发展规划、资源整合计划、营收与费用规划、投资计划与回报分析、风险与管控九个板块。

（5）商业计划启动。将商业计划书编制完成后，将之形成招商或伙伴招募的工具书。

```
                    ┌──→ 1.商机获取
                   否│        ↓
                    └── 2.商机判断
                             ↓
                    ┌── 3.商业模式规划 ←┐
                    │        ↓       修正
              优化  优化 4.商业计划书编制
                    │        ↓       优化
                    │   5.商业计划启动
                    │        ↓
                    └── 6.招商
                             ↓
                         7.试运营
                             ↓
                         8.持续运营
```

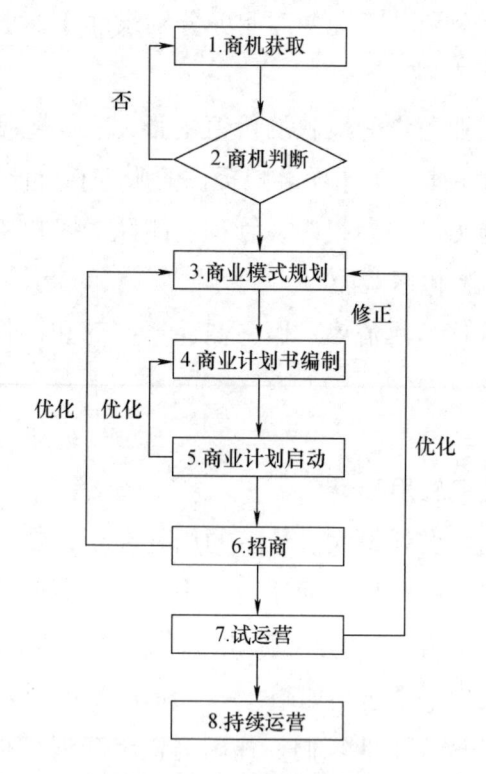

图 2-11 商业计划流程图

（6）招商。根据客户所在地及信息接收地分别进行客户的招商和合作伙伴的招募。顺序是先进行合作伙伴的招募，后进行上下游客户的招商。

（7）试运营。该阶段非常重要，因为此阶段取得的经验和教训将影响商业模式的固化和运营体系的模式化。

（8）持续运营。该阶段是商业模式价值化的阶段，通过持续的运营，主要是验证商业模式的价值化和运营体系的模式化，也是投资方进行投资后回报的阶段。

由上可以看出，商业模式创新设计提供的是支撑企业盈利的商业逻辑，在商业计划应用中起到了承上启下的重要作用。

而要将商业模式创新设计转化成实际的绩效成果，需要以商业计划书的方式实现转换，并且需要得到持续不断的优化，这样才能成为可行的商业计划书的核心部分，成为招商工具，成为后续经营的蓝图。

为更有效地指导企业家的创业成功，特提示以下几点：

（1）企业家们的创业往往得益于某些商业机会，但对机会的判断至关重要，要看大势，不要自以为是。

有这样一则新闻，某地在当地已经有了总面积为20万平方米的家具卖场的情况下，还要进行大型的现代家居城建设，计划15万平方米，要成为国内第四大家居城，当地人口1000万。按照正常的租金水平，100元/月/平方米的租金，加上周边总体面积20万平方米，平均一年需要租金 $100 \times 12 \times 35$ 万 $= 4.2$ 亿元，经营费用按照行规是租金的2.5倍，总体费用为14.7亿元；即使所有的家庭均全新装修，户均2万元/4人，使用10年，总体的市场容量也就 1000 万$/4 \times 2$ 万$/10 = 50$ 亿元/年。费用率将近30%，而如果按照家具行业的行规，出厂价到客户手头的毛利率以40%计算，那商家还有利润吗？

当然商家还要为卖场掏进店费、装修费、人员管理费、水电费等，这样算下来，商家是肯定要亏损的。没有了商家，那靠什么来支撑这个卖场？更不要说原来的20万平方米卖场已经举步维艰了，又如何抢得其中的近乎一半的市场份额呢？

这样的商业机会，能要吗？

（2）商业计划书的编制要先虑败，后虑胜，也就是先将不好的因素全考虑进去，后再去考虑好结果。

在投入的过程中，由于所在环境的限制，不一定什么都能整合，所以要将成本与经营费用考虑详尽。要仔细分析出其中的必要投资、需要的投资和可能的隐藏性投资，对时间的把握也要给自己留得宽裕一些。如果这样计算你的投入可以承受,而且有着合理的投资回报期,那么这个商业模式算是成功了一半。

(3) 商业模式创新设计要考虑可变因素。

所有的业务单元都要考虑可变因素。如果是进行新型功能型城市等的开发,就要考虑到在该区域需要多久才能聚集起相应的人口,别的新城市有着百万人口,你这也可以有,但也许是10年之后的事情了,那你现在开发是否值得?当然,如果你选择进行土地囤积作为主营收入来源,那另当别论。

(4) 商业模式的创新设计要充分考虑竞业竞争的问题。

即使是再好的商业模式,再有可以赢得市场的商机,如果不顾竞业竞争,可能最后的结果是大家的投资变成竹篮打水一场空。

思考题:

1. 您的企业在产业链中处于什么位置?应该从产业链中的什么角色或者定位进行商业模式的设计?

2. 您能从什么角度、什么角色,向什么对象提供服务内容?我提供商品或服务的核心价值主张是什么?还能提供什么样的价值?

3. 您的客户在哪里?他们分别有什么样的需求?您的价值主张是否都能够满足?或是能够提供核心的需求?或是边缘化的需求?能否提供附加化的需求?

4. 您通过什么渠道找到客户?这些渠道的困难点都在哪里?您的渠道是具有独特性,还是具有垄断性?或是能够成为行业的领导?

5. 您的客户关系管理是什么样的?您是想与客户做生意,还是做事业?是否清楚相关客户关系管理技巧?

6. 您对供应商的管理是否就是将自己作为"上帝"?还是将其位置提升到与下游客户一样的重要地位?您又是如何同他们保持战

略一致性的呢？

7. 您的关键业务都有哪些？未来的发展又都是哪些？这些关键业务能否支撑您的品牌价值主张？能否引导企业不断发现市场和客户的需求？

8. 您的核心能力是否支撑您上述的所有想法？您又如何进行核心能力的提升？又如何形成"核心能力引导商业模式的优化、商业模式指导核心能力的提升"这样的逻辑循环？

9. 您如何通过商业模式的运作进行"开源"和"节流"？开源节流过程中，您能否通过客户结构、渠道结构、核心业务结构等结构化因素和合作伙伴供应、核心能力、价值主张、客户关系管理等运营性因素进行分拆又整合的运作？准备如何提升？它们之间又应该如何协同？

10. 通过上述的设计，您的企业能否形成完整的运营体系？企业运营体系架构是否合理呢？

第三章

商业模式优化——发展不难

第一节 优化设计之行业标杆路径

纵观世界经济兴衰，每个行业都有一定的生命周期。每个行业的发展也大体均经历过如下三个阶段：散点市场阶段、块状同质化市场阶段和团状异质化市场阶段。不同阶段的特征见图3-1。

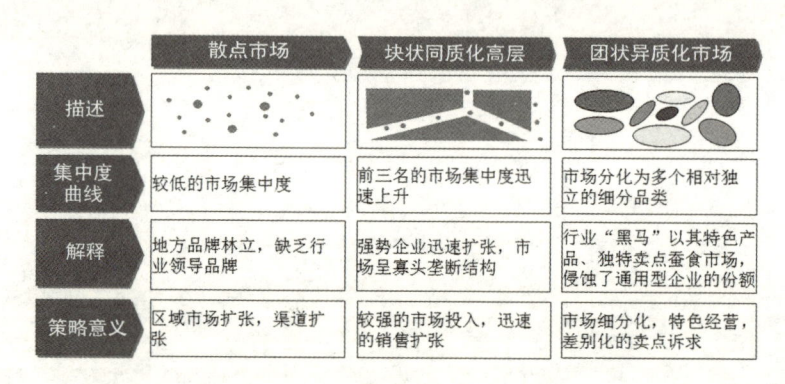

	散点市场	块状同质化高层	团状异质化市场
描述			
集中度曲线	较低的市场集中度	前三名的市场集中度迅速上升	市场分化为多个相对独立的细分品类
解释	地方品牌林立，缺乏行业领导品牌	强势企业迅速扩张，市场呈寡头垄断结构	行业"黑马"以其特色产品、独特卖点蚕食市场，侵蚀了通用型企业的份额
策略意义	区域市场扩张，渠道扩张	较强的市场投入，迅速的销售扩张	市场细分化，特色经营，差别化的卖点诉求

图3-1 不同竞争阶段的市场特征

在散点市场阶段，开始出现新的商业模式，并逐步发展成为一个行业，这是行业的起步阶段。

随着行业的发展，产品在消费市场上逐步得到客户大众的认可，不同的商业模式开始出现，企业之间出现了"大鱼吃小鱼""快鱼吃慢鱼"的现象，经过一定的激烈市场竞争和优胜劣汰，市场逐步出现了行业巨头，即领先性企业，后续可能还会出现一些竞争者和参与者。这是块状同质化市场阶段，也即行业的发展阶段和成熟阶段。

随后出现的竞争者和参与者出于生存的需要，开始不断凭借差异化的运营模式或独特的商业模式而成为行业的黑马，行业也进入成熟后阶段，也即团状异质化市场阶段。

成熟后阶段，如果行业发生再次创新，则又进入一个全新的行业发展萌芽期；如果不能，则标志着该行业进入衰退期或死亡期。

而对于企业来说，准确判断行业发展趋势是决定商业模式是否具有运营价值的关键。商业生命周期与商业模式运营策略匹配如图3-2所示。

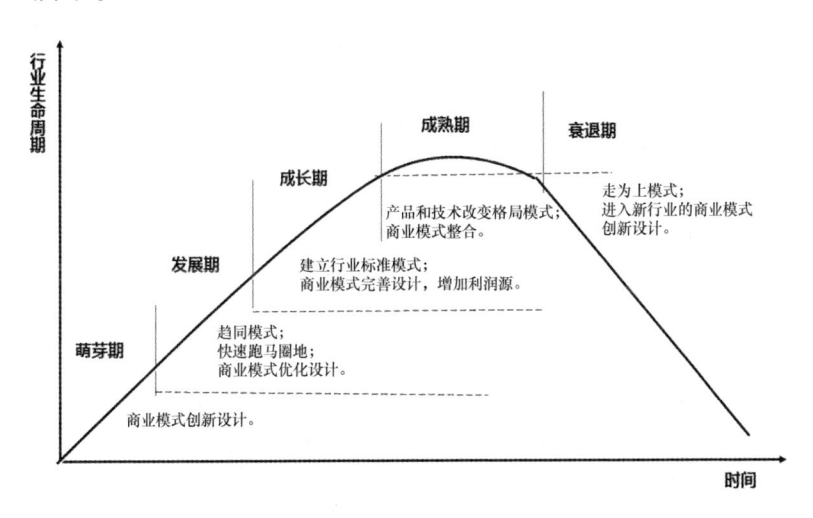

图3-2 商业生命周期与商业模式运营策略匹配图

（1）走为上模式：如果行业已经进入衰退期，而自己的企业又无力延续行业的成熟期，或者企业对自己的商业模式运营需要继续增加投入，而回报又遥遥无期，此时选择"走为上计"是企业家明智的选择。

英特尔当年勇于退出"芯片"市场而专注于"核"领域，成就了其霸主地位。如果其当年仍然执迷于"芯片制造"，可能导致其需要持续地追加投资而陷入困境，今天的英特尔存不存在尚难下结论。

（2）产品和技术改变格局模式：如果行业已经处于成熟期，商业模式的思考必须回归到能够给客户带来价值的本源上来，那就是产品和技术。因为产品和技术的差异化不但能够给行业带来格局性的变化，而且有助于创造新的行业萌芽。

19世纪的福特和洛克菲勒以汽车的研发改变了过去机车有轨的时代，同时开辟替代马车时代；电灯的发明开启了光明的新的历史纪元。

（3）行业标准模式：在行业发展到快速成长期的时候，谁占领了行业发展的制高点，谁就奠定了在行业中的位置，谁就能制定行业标准。"三流企业卖产品、二流企业卖技术、一流企业卖标准"讲的就是这个道理。

微软的WINDOWS软件标准、英特尔的处理器标准分别成就了该企业在行业中的领导者地位。

2008年在印染业，一家名叫霞客环保企业研发的"在线添加彩纤"技术，解决了纤维色染而带来大量污水的重大问题，成了行业标准，其凭技术成为2008年股市黑色八月中能够连续三次涨停板的唯一股票。

（4）趋同模式：行业处于发展期和成长期的时候，商业模式的理念已经深为大家所熟悉，这个时候进行商业模式的深度应用和快速的跑马圈地已经成为企业发展的主题了。而且现在提出的"云营销"和"云管理"更能助我们一臂之力。在此背景下，客户的无边界管理成为趋势。如现代的电脑和电视，已经成为家用电器必备，所以其营销路径也已经到了渠道雷同、客户雷同的时期。借助雷同的渠道更能快速地将产品和服务送到消费者手中。

举例来说，茅五剑利用专营店渠道快速与消费者建立沟通；手表、皮带等配饰产品通过高端服饰快速增加销量等，这些都是趋同路径的商业模式应用案例。

第二节 优化设计之价值链路径

价值链是企业经营遵循的总逻辑，通过价值链的分析可以评估企业选择的方案是否能实现最优价值。按照价值链进行的商业模式的优化设计称为价值链路径。

价值链路径主要包括针对价值链分析后的价值分拆、价值链挤压、价值链修复和价值链整合四大路径。

一、价值链分拆模式

价值链分拆模式主要指将商业模式的优化设计定位于价值链中的最优环节。如韩国著名的游戏制作公司 Actoz 在与盛大合作初期定位于游戏创意和游戏制作（见图 3-3）。

在当时网络游戏价值链中，游戏创意和游戏制作的附加价值最高，所以韩国的 Actoz 在 2001 年与盛大开展合作，将自己定位为网络游戏价值链价值前端提供者，促进后者快速地进入市场，从而获得大量的回报。

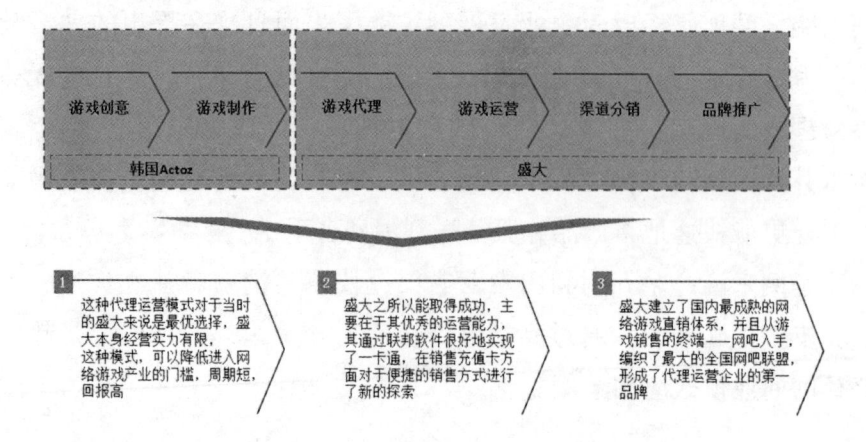

```
┌─────────────────────┬───────────────────────────────────────────┐
│ 游戏创意 → 游戏制作  │ 游戏代理 → 游戏运营 → 渠道分销 → 品牌推广 │
│    韩国 Actoz        │                  盛大                     │
└─────────────────────┴───────────────────────────────────────────┘
```

① 这种代理运营模式对于当时的盛大来说是最优选择，盛大本身经营实力有限，这种模式，可以降低进入网络游戏产业的门槛，周期短，回报高。

② 盛大之所以能取得成功，主要在于其优秀的运营能力，其通过联邦软件很好地实现了一卡通，在销售充值卡方面对于便捷的销售方式进行了新的探索。

③ 盛大建立了国内最成熟的网络游戏直销体系，并且从游戏销售的终端——网吧入手，编织了最大的全国网吧联盟，形成了代理运营企业的第一品牌。

图 3-3　韩国 Actoz 和盛大分拆模式

二、价值链挤压模式

价值链挤压模式主要是根据价值链的增值判断，将增值部分较少的环节采取第三方外包的方式进行外包，降低成本。

如世界著名运动服装公司耐克，其运动鞋的生产制造环节外包；凡客诚品专注于服装设计和品牌推广，而把成衣制造和仓储物流部分进行外包等（见图3-4）。

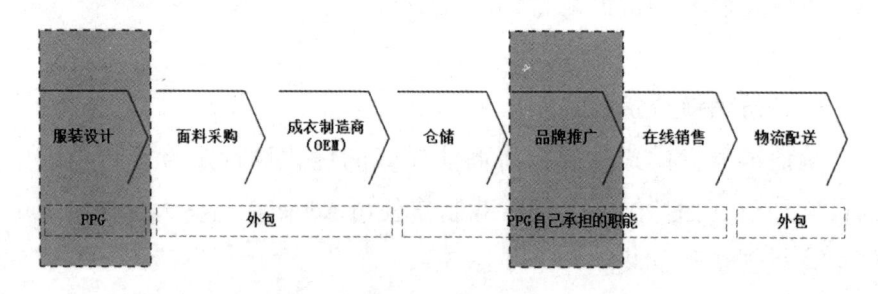

```
┌──────┬──────────┬──────────┬──────┬──────────┬──────────┬──────────┐
│服装设计│ 面料采购 │成衣制造商│ 仓储 │ 品牌推广 │ 在线销售 │ 物流配送 │
│      │          │  (OEM)   │      │          │          │          │
├──────┼──────────┴──────────┴──────┼──────────┴──────────┼──────────┤
│ PPG  │          外包               │   PPG自己承担的职能  │   外包   │
└──────┴─────────────────────────────┴─────────────────────┴──────────┘
```

图 3-4　凡客诚品商业模式运营架构图

三、价值链修复模式

价值链修复模式是指通过改善那些阻碍企业发展的上下游客户

环节,从而实现自己的价值增值。如丰田通过培育供应商实现即时上线模式;五粮液花费千万元打造"金牌经销商"EMBA(高级工商管理)培训,培养大量五粮液经销商,经销商成长后自己的市场份额自然扩大;娃哈哈的"联合经销运营体"帮助经销商成长并最终成就厂商利益一体化等模式。这都是价值链修复模式的典范。

四、价值链整合模式

价值链整合模式是指重新整合价值链,找到价值链中增值最大的那个环节。如盛大发展中期,通过在纳斯达克上市筹集资金以及软银投入的4000万美元,实力不断壮大,实现了从代理运营商业模式向自主产权商业模式的过渡,也就是逐步过渡到了产业链中价值增值的最大部分——游戏设计和制造环节,推出自主研发的游戏产品,促进了企业最大利润的增长。

而康佳手机则实现了同"操盘手"软件的捆绑,依靠销量的上升而带来利润的上升(见图3-5)。

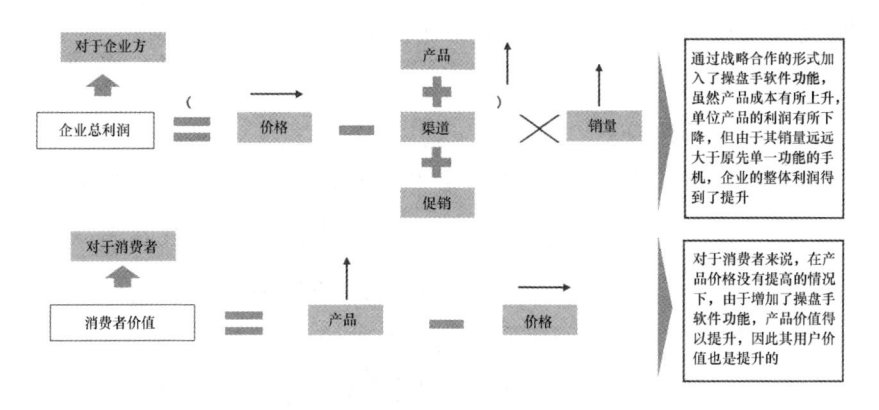

对于企业方				
企业总利润 = (价格 - 产品+渠道+促销) × 销量				通过战略合作的形式加入了操盘手软件功能,虽然产品成本有所上升,单位产品的利润有所下降,但由于其销量远远大于原先单一功能的手机,企业的整体利润得到了提升

对于消费者		
消费者价值 = 产品 - 价格		对于消费者来说,在产品价格没有提高的情况下,由于增加了操盘手软件功能,产品价值得以提升,因此其用户价值也是提升的

图3-5 康佳手机商业模式运营图

第三节　优化设计之客户路径

商业模式优化设计的客户路径主要指根据客户的细分和再定位，获取的成本结构的降低和收入结构的增长，从而进行的商业模式优化。该路径主要有四种模式：

一、利润转移模式

利润转移模式主要是指，遵从二八原理，将商业利润分布变成大部分客户不盈利，小部分客户提供绝大部分收入的模式。

如银行采用的差别定价、差别投资和差别服务。虽然其中的大部分客户对银行来说是微利甚至微亏，但其中数量较少的大客户带来的利润足以满足其盈利需求。如农业银行，广大农民贷款虽然带来的利润微薄，但其中的农业深加工企业的大额资金周转、贷款、大额银行账务的对冲等业务给其带来的利润是巨大的。

二、微型分割模式

微型分割模式即个性化服务所带来的利润增加。如保险业根据年龄、收入水平或其他因素收取不同保险费，因为没有同质化的参考和评价体系，消费者就不自觉地多掏出部分利润，从而促进保险业的收入增加。那些服装个性定制的某些企业也是如此。又如国家目前实行的电费分时计价系统，不但调节了居民用电和工厂用电之间的矛盾问题，而且针对用电高峰时的高收费政策使其获得了大量利润。

三、权力转移模式

权力转移模式是指在价值链的上下游只要存在供给与满足的关系，就存在议价权力问题，而随着议价权力的转移，受益者一方总会希望以自己满意的价格成交。

如沃尔玛利用自己的渠道优势迫使经销商降低供货价格，从而使自己获得低成本采购优势，使自己在与家乐福等对手的竞争中，以价格优势而获得更高的市场份额。最典型的例子还有国美与海尔的故事。

据说，国美黄光裕找到海尔张瑞敏说，现在我们的经营利润太低，你要每台电器给我300元的毛利，张瑞敏很无奈，答应了，因为海尔自己没有终端网络。过了一段时间，海尔开设了很多专营店，但业绩不尽如人意。

在一次谈话中，黄光裕又要求张瑞敏给予降价，张瑞敏不同意，黄光裕说，市场竞争压力大，我的生存也很艰难，我们给客户总体降价200元/台，你出150元/台，我也出一些。要不然，大家的日子都没法过。张思考了一下，只能同意。所以当议价权在一方手中时，就可以获得更低的进货价格。

另如苹果手机，因为畅销，议价权在苹果公司自己手上，其可以获得较低的生产加工成本，同时又可以高价卖出，所以生产制造商和零售商加在一起的毛利总额也远远低于苹果的盈利额，但谁不能提出异议。

四、重新定位模式

重新定位模式主要是指客户群体的转移和全新定位。

例如，GE将销售业务的客户对象由采购部经理变成高级管理人员，咨询业务的客户对象从客户的高级管理人员转移到客户决策层，不仅获得了业务的快速拓展，而且增值意义更大。

如家酒店在确定自己业务定位的时候也同样采取了重新定位的模式。

首先如家通过调研发现：一般酒店价格低但舒适度也低；星级酒店价格高舒适度也高，但一般地理位置偏远。而对于一般的商务人士来说，更多的时间花在商务行为上，所以交通便利、价格便宜、工作方便、住宿舒适度高是其首要的选择。所以如家的客户定位选择如下：

目标消费群体：商务人士。

价值特点：交通便利位置佳、价格适中、设施简便但住宿舒适度高（见图3-6）。

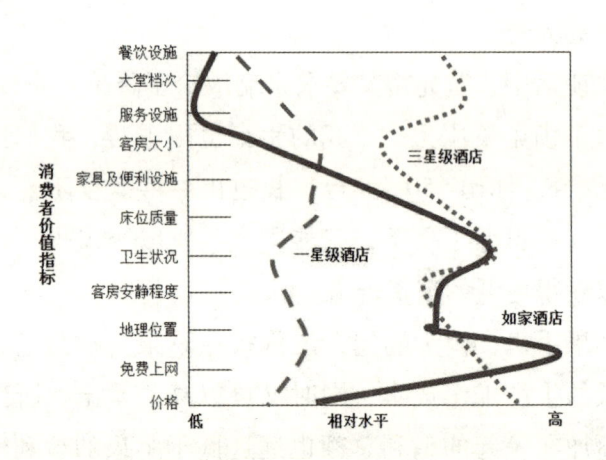

图3-6　如家快捷商务经济型酒店价值取向

通过精准的客户重定位，如家成了率先上市的连锁快捷酒店，并且每年以超过几百家的加盟速度在增长。

第四节　优化设计之渠道路径

渠道效能决定着产品定位的演绎和收入结构的优化调整，而渠道变革是企业强化内部的收入结构和运营管理的必然选择。商业模式优化设计之渠道路径主要有如下五种模式。

一、区域领先模式

区域领先模式指在某个区域内构建市场的绝对优势，占据较高市场价额，形成发展良性循环（见图3-7）。例如啤酒，通常是在某些区域市场构建强势的市场地位，然后进行高价策略。

2006年雪花啤酒在进入杭州市场时，受到了西湖啤酒和红石梁啤酒的强势阻击，导致当年销售业绩几近于零。后来雪花啤酒举行免费赠饮一个月活动，将300多车啤酒在各个小区巡回赠送，结果呢？由于大家都认可了该啤酒的口味，第二年市场占有率提高到了

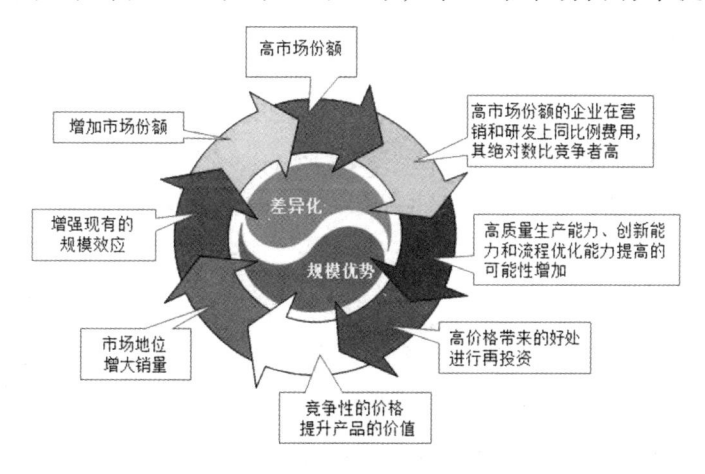

图3-7　高市场份额竞争者发展良性循环图

30%以上。随着市场占有率的提升，雪花啤酒逐步提升了产品的价格，进而实现了高额利润的回报。

二、渠道倍增模式

渠道倍增模式是指将同一产品通过不同渠道以不同价格销售的模式。该模式的主要特点是利用不同销售环境下消费者的购买心智不同而获取不同的价格毛利。

如书店是图书的传统销售渠道，后考虑到消费者的出行方便，便于消费者在旅途中进行休闲等，逐步扩张到了机场、超市、报摊、礼品店以及网站，采用的价格策略是不同的地点，不同的折扣。

此种模式最典型的例子莫过于机场的快餐店了，同样的一碗面条，在普通饭店也就十多元一碗，而在机场等则动辄需要四五十元。

另如，嘉兴的五芳斋粽子，除在超市等传统终端进行销售外，也开发了机场、高铁车站等专卖店，不仅可以作为消费者带回家的礼品，同时开发的快餐解决了旅客的在途餐饮问题。当然价格上和超市相比较，高出了很多。多出的部分不仅仅填补了固定费用的支出问题，同时获得了较高的市场回报。

三、渠道压缩模式

渠道压缩模式就是通过压缩渠道环节来获取较为高额的利润的模式。

2005年宝洁公司通过砍掉大客户、分拆成小客户和将原来经销商的下级分销商培养成经销商，实现了渠道客户的精细化管理和渠道下沉，而且还进行了价格管理变革，即以原来二级分销的价格进行交易，同时采取大量激励的方式，形成了砍大户之后的市场继续扩张，市场份额和盈利空间大大增加。

2002年笔者任职某企业的西北大区经理,公司给予的费用包干额度远远不够,而当时的经销商都是省级经销商,各个牛气冲天。后笔者砍掉省级经销商,扶持地级市二级分销商成为一级经销商,而给予其的产品价格维持原来的分销价格不变,但拿出了原经销商毛利差额的50%进行激励,结果不但实现了市场的渗透性增长,也增加了自己手中的可支配性费用,还有大量的盈余。

当然,现在直销类企业对此更是做到了极致,它们不经过任何经销环节,直接将产品卖到消费者手中,获得的产品售价和成本之间的价格差额更高。

四、渠道集中模式

渠道集中模式就是将各种在不同渠道销售的商品集中在一个渠道中进行销售。非常典型的例子就是如家乐福等大卖场,将多种在不同终端的渠道销售的商品,如服装、百货、食品饮料等集中到自己的卖场中进行销售。集中化的主要优势在于可以满足消费者的一站式购物。这种模式,不仅可以在无形中增加市场份额,还可降低运营成本。

五、配电盘模式

配电盘模式就是在原有销售平台基础上,创造新的销售平台,在该平台体系建设后,可以无边际成本地不断灌入各种商品。

娃哈哈的"联合运营体"建设完成后,不管是娃哈哈生产的饮料,还是娃哈哈生产的食品,均可以在一周时间内通过该渠道平台铺进全国600万个销售网点。

eBay电子拍卖平台、慧聪网、京东商城等电子商务平台企业更是采用此类商业模式的成功代表。

但笔者要提醒大家的是，上述五大模式是可以互相嵌入和整合运作的。在2011年笔者进行的某米业集团的渠道商业模式创新中曾经成功同时应用五种渠道模式，助力企业实现转型。

该案例的渠道架构图如图3-8所示：

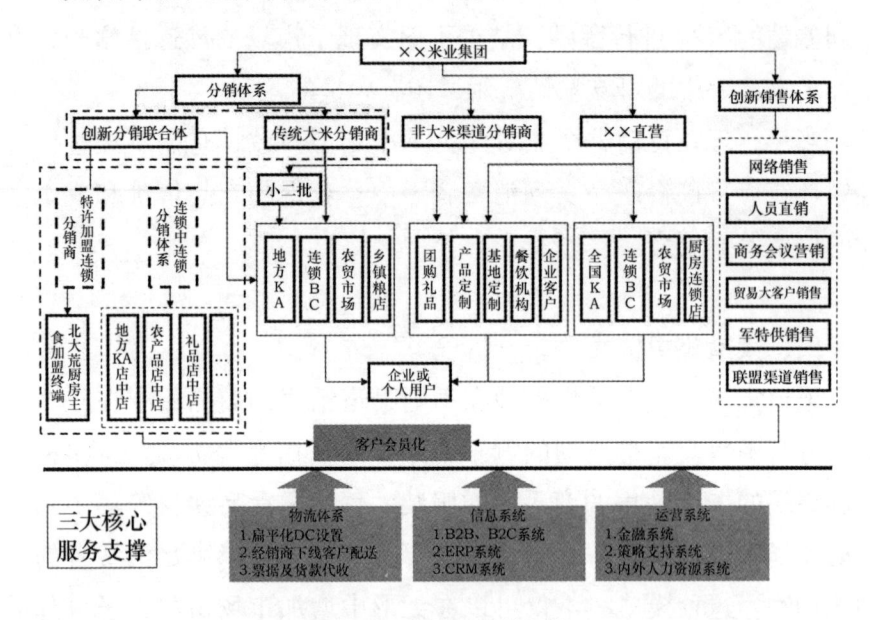

图3-8 某集团渠道架构

在该企业的渠道模式创新中，就成功利用：

（1）创新分销联合体提升了产品在区域市场的形象，提高了市场份额。

（2）礼品销售增加了产品毛利差，实现了区域领先。

（3）利用渗透到乡镇的传统分销系统和居民社区农贸市场的终端网点实现了渠道倍增。

（4）利用开设直营店的模式实现了品牌提升的同时，也实现了渠道压缩。

（5）利用直营店和联合分销联营体也实现了渠道集中模式，其可以销售集团所生产的其他产品,如饮料、大米深加工产品等。

(6)开辟的高端会员俱乐部网络营销平台实现了配电盘模式的塑造。

第五节　优化设计之产品路径

要想弄明白优化设计之产品路径,首先需要明确的概念是:产品＝商品＋服务。商品是具有物理特性的存在物,如我们买的汽车、电动车等具有物理特性的交通工具;而服务则是附加在商品之上的客户可以感受的使用商品之便利性、舒适度等,如品牌。

商业模式优化设计之产品路径主要有下列七大路径:

一、从产品到品牌路径

我们都知道品牌具有溢价功能,因为"男人成功的标志"成就了才子成为服装界的"才子";同样的手表,因为"瑞士制造"代表的精细、高端形象而帮助瑞士制造的手表高出正常手表三五倍的价格;20世纪80年代的"上海造"就为同样的产品提升了产品价格,如永久牌自行车就比飞鸽牌自行车贵上二三十元。

二、卖座大片路径

卖座大片路径指从制造多个普通产品到集中力量开发几个拳头产品。大家都知道的是,美国的"芯片"和"影片"持续影响着中国人的高科技行业和生活意识形态领域,为什么呢?这就是它们的拳头产品。它们不需要其他产品,仅仅依靠芯片就能获取计算机行业利润的50%以上,仅仅依靠几部大片就能占据中国电影界收入的

40%以上，而我们呢？出口美国的大量的农贸粗加工产品、原材料，可谓多种多样，但出口所得的外汇就这样被轻易平衡。

二八原理大家也都熟悉，20%的核心产品就能创造出80%的利润。当然，拳头产品的推出一定要考虑其市场竞争力，一定要最能反映企业的产品技术能力，同时还要和市场上的产品有一定的差异性。

三、利润乘式路径

利润乘式路径就是利用产品的不同表现而获取多次重复性销售的模式，从单一产品获取最大利润提升到重复多次利用这个产品盈利是最基本的认知。

迪士尼的《狮子王》电影获利颇丰，后将该标志标注在服装、玩具等上面获取了更多的价值；"蓝猫"由于卡通电视的成功在消费者心目中留下了深刻的印象，所以蓝猫化妆品、蓝猫玩具、蓝猫服装也曾经获得了巨大的成功。

四、金字塔路径

金字塔路径就是将产品结构形成金字塔的架构体系，并确保顶端产品能够获取高额利润。如瑞士手表、吉利刀片、芭比娃娃等，均是通过高中低档次的产品结构来参与市场竞争，其中高端产品，在获取品牌价值认可的同时，获取较大的利润空间；特殊功能的产品，争取意见领袖消费客户的同时，也在获取较高的利润空间；中端的产品，获取着最大的市场份额，同时由于高市场份额的获取而帮助企业获取较多的利润；中低端产品，由于销量占据一定的市场份额，所以其可以分摊制造和管理成本，即使没有多少利润空间，也在帮助企业降低费用成本；而最低端的产品，则帮助企业屏蔽市场的竞争，将竞争对手陷入低成本的产品竞争中，间接获取着边际利润（如图3-9）。

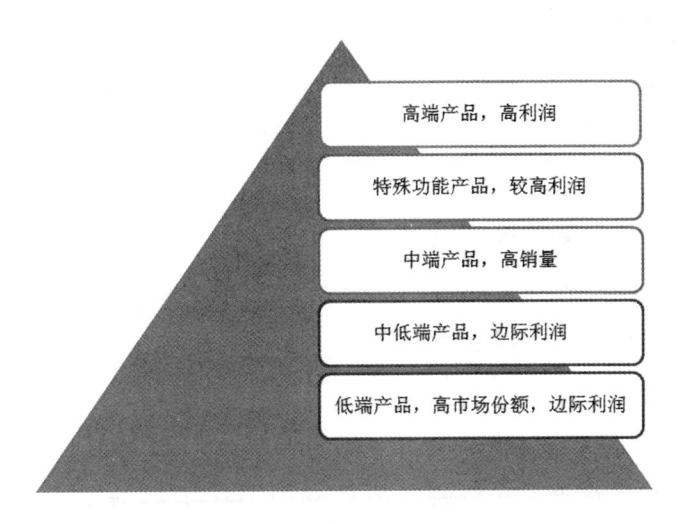

```
高端产品，高利润
特殊功能产品，较高利润
中端产品，高销量
中低端产品，边际利润
低端产品，高市场份额，边际利润
```

图3-9　产品的金字塔模型

金字塔路径现在越来越多地被行业领先者所利用，但在应用的过程中一定要注意其价值性和产品的层级划分要匹配。如沙发产品一定要根据材质的不同进行界定，手表可以根据制造工艺来区隔，食品等也要根据原材料等进行档次区分等。

五、客户解决方案路径

客户在得到商品后，尚需要超越产品功能的配套服务来提升应用，这时客户解决方案也能成为产品的显著特色。

思科的"一站式"购物为客户购物提供了便利性，客户在此可以一次性解决，而不需要到其他地方进行配套采购，从而节省了时间成本。

2010年的宁波一家电气商城，原来只有商品销售业务而陷入发展的维谷之中，后笔者通过对家庭用户的调研，帮助其制定了为客户提供家用电器的方案设计、电气供应、电气安装和定期电气检修和更换等一揽子服务体系，得以快速发展。

河北的某沙发大王，通过将销售终端布置成整体的客厅文化，除销售沙发外，附带销售大量的茶几、电视柜等配套家具，销售额在原有基础上增加了40%，当然利润也相应增加较多。

六、速度创新路径

速度创新路径主要是通过快速、持续地创新产品，在别人模仿之前就获取高额利润的路径方法。如华为，经常采用小步快跑的方式进行持续的产品研发，使其在某功能产品形成竞争格局之前就获取了较高额的利润。

采用此类商业模式创新，主要的原因在于市场发展节奏太快。在产品面世之初，由于没有竞品的对照，企业可以自行制定企业产品价格，在市场接受之后，必然有更多的厂家跟风，跟风后的结果就是价格的下降和毛利的降低，而低到一定程度后，大家都没有钱赚。所以企业要想多盈利，除规模效应外，尚需要将更多的精力投入到能创造更大利润空间的新产品研发上来。

从图3-10的"产品竞争旋涡理论"可以明显看出，只有在竞争对手加入竞争之前，市场才是企业生存的蓝海领域。

七、售后利润路径

售后利润路径是指通过销售产品后的维修、配件服务等进行获利。该路径更多被需要维修、保养的行业所使用。非常典型的例子就是吉列剃须刀，经过统计，其剃须刀的销售总额比刀片的销售总额低，当然，通过刀片销售获取的利润也远远大于剃须刀具有的销售利润。

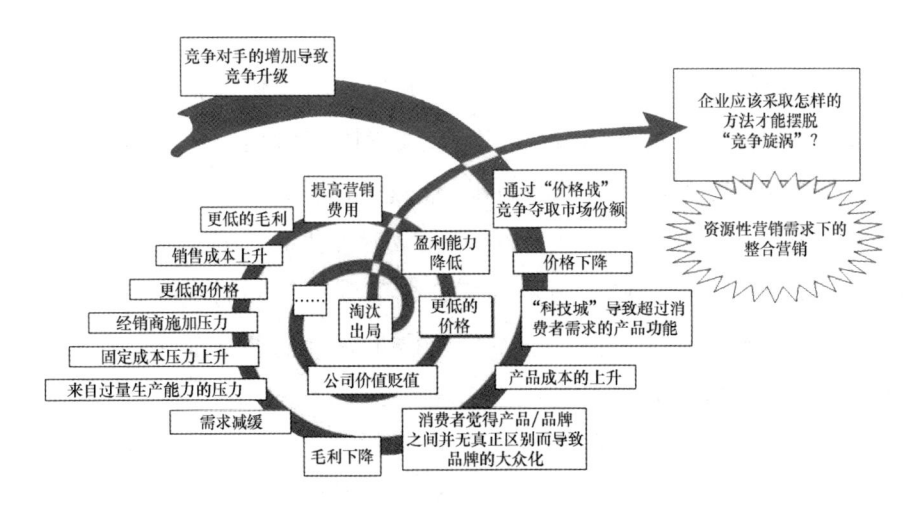

图 3-10　产品竞争旋涡理论图

在电动车行业，整车的销售利润也就 100 元/台，而其中的一块电池呢，进价 200 多元/块，销售也能高达 400～500 元/块。但如果没有电池维修、保养或者更换的服务，客户可能不需购买你的产品，这是典型的售后利润路径商业模式案例。

对这类企业，通过产业价值链来分析盈利空间，我们不难发现其售后服务占据了整体价值链中价值让渡的 35%，远高于销售环节和生产环节。

在汽车行业更是这样，4S 店的售后维修、保养的收益远远高于汽车销售的价格差。许多大型的城市，已经开始出现了汽车香水专卖店和汽车用坐垫等的专营店，正说明了售后利润正日益成为企业整体经营的利润集中区。

商业模式优化设计的产品路径并非只靠规划设计就能实现的，其基础必须是客户能够得到性价比满足。笔者经过多年研究，发现要通过产品路径来优化商业模式，产品必须具有"4V"特性：产品的差异化（variation）、功能化（versatility）、附加价值（value）和共鸣（vibration）。

产品差异性指产品的市场定位差异化；功能化是指产品实现的功能；附加价值是指所需要的方案解决等附加价值；而共鸣则是产品卖点特性等能够和客户的心智形成同感与共鸣。

上述的七项路径中，从产品到品牌必须满足共鸣、卖座大片对应满足差异化、利润乘式满足共鸣、金字塔路径同时满足四项、客户解决方案满足附加价值、速度创新满足差异化和功能化、售后利润路径满足附加价值。

其中差异化和功能是产品具有的基本特征，附加价值为客户共鸣的基础要素之一，而共鸣则是产品制胜的终极策略。

第六节　优化设计之资源路径

资源是企业商业模式经营的核心载体，企业的经营离不开优势资源，在商业模式的优化设计中，资源优化也成为重要路径的选择。

对企业来讲，资源分为内部资源和外部资源，按照性质来分，又分为经营环境类资源和运营性资源。由此就产生了如下的四种资源优化模式（见表3-1）：

表3-1　企业资源优化模式

资源类别	外部资源	内部资源
运营环境类	寄居蟹模式	优势资源模式
经营管理类	资源整合模式	创业家模式

一、寄居蟹模式

此类模式即借助某些资源进行经营。该名词缘于寄居蟹主要依靠其他动物的硬壳作为保护而生存。该模式的主要特点是利用别人的资源、品牌、管理模式等进行自身业务的开展。

特别是一些拟上市的公司，由于本公司的营业额、利润率和商业模式等原因，必须寻找具备上市条件的企业进行借壳上市，这是该商业模式优化路径的典型代表。

在咨询领域，一些具有多年运作经验的咨询顾问，虽有着丰富的咨询经验和客户资源，但由于创业初期的成本和资源问题，创业可能成为难点，而挂靠某关联业务内容的咨询公司进行内部事业部式运作可能成为最经济可行的做法。

河北某糖烟酒销售型企业很想进行连锁体系的建设，但苦于对连锁经营管理体系不熟悉而无法展开，所以就加入某大型酒水企业的连锁加盟体系。通过一段时间的学习和品牌运用，业绩逐步做大，在该酒水企业允许加入其他商品范畴的时候，此糖烟酒销售企业将该地区的几十家连锁店改换成了自有品牌的连锁加盟系统。

由此可见，借壳上市、挂靠经营和加盟连锁等都属于典型的寄居蟹模式。

二、优势资源模式

优势资源模式是指企业利用信息优势率先抢占对企业经营最有利的人、财、物等资源，而获取商业模式运营竞争优势的路径。

万达集团在人员招聘中优先考虑"具备当地土地板块的整合资源优势和强势的政府公关能力"的人才，从而成为在所有土地板块的转让金中支付最具经济价值的企业。缘由何在？就在于其招聘的区域总经理具备强势的政府资源，能够确保其拿到最好的地块，而且价格最便宜，在以后的经营中就能够确保盈利额最大化。可以说万达的成功很大部分归功于此。

矿产经营性企业优先考虑的是矿产的开发权，因为矿产资源是有限的，谁占领了矿产资源谁就等于拥有了市场话语权，这是矿产性企业经营成功的不二法宝。

一些公司通过猎头公司挖掘竞争对手的高端人才或科研技术人才，就是为了在获得行业珍稀人才的同时，也得到竞争对手的信息资源，将这些变成自己企业赖以生存和发展的助力资源。

三、资源整合模式

资源整合模式是通过创建资源交易环境，经营各类资源的模式。在企业无法获取优势资源的时候，"借鸡下蛋"或者"筑巢引凤"的方式也是不错的选择。

某钢铁厂因为铁矿石资源稀一直处于半停产状态，但其经过创办钢铁原料交易网而帮助自己实现了铁矿石的供应。

某医药企业因为依靠投资参股当地药材批发市场的经营，使自己获得了药材原材料的优先供给，从而以低成本的药材制造而成为国内市场的佼佼者。

而有的企业更是以先经营某业态的批发市场而将自己的产品逐步渗透到经营业主的所有经营范围而得以卖红全国。

有家企业在发展过程中难以获取人才，通过收购某人力资源管理公司，从而获得了企业所需的人才。

上述内容皆为资源整合模式，如果用三十六计来说，该招为典型的"借船出海"计。

四、创业家模式

"节约一切企业能够节约的资源"是创业家白手起家的重要原则之一。

在沃尔玛的经营中，据说创始人山姆大叔在两个方面特别执着，一是让微笑征服每个客户，一定让每个客户得到最满意的服务；另一个呢？则是让客户满意的缘由，那就是最低的成本。所以在其整体的经营中，各经营环节成本无不最小化，确保了在所有的终端零售商中沃尔玛的加价率最低。同时以终端优势获取了供应商的最低供应价，所以总体上其产品销售价格比家乐福等均要低上10%左右。

许多白手起家的农民企业家，用最简易的包装材料包装其出产的产品，并以尽可能低的价格销售，也是属于典型的创业家模式。

上述四种模式为基本的商业模式优化设计的资源路径方式。寄居蟹模式重点在经营环境的营造；优势资源模式从资源竞争的角度来优化的资源路径；资源整合模式优化资源获取的路径；而创业家模式则是通过全面的成本控制而进行的低成本战略的最佳实践。

对于发展性企业来说，一切发展都离不开资源，没有资源，即使业务增长再快也会陷入管理的困境，所以优势资源的抢夺成为重点；遇到了发展机遇，而缺少资金和管理技术一样只有望洋兴叹。此时"借壳"应该成为企业的选择，即使上述都有了，以资源整合的方式扩大资源和全面的成本控制精神也要加以传承。所以上述四种方式必须成为发展性企业家时刻关注的大事。

第七节 优化设计之知识路径

随着网络信息时代的到来，企业经营由原来单一的实体化经营逐步转向实体经营和虚拟经营两条腿走路的阶段，而且很多的企业依托虚拟化经营取得了不菲的成就。而虚拟化经营依托的是什么呢？是虚拟化运营的知识能力，其在商业模式优化设计中主要体现在四个方面：

一、经验曲线知识化路径

此类路径是指将经验转化为知识化模式，并成为企业商业模式优化的路径。

许多企业通过对运营体系的数据仓库诊断和智能化分析，得出了许多的经验，并以此作为管理决策和员工管理的标准，如 GE 的六西格玛管理模式，通过对生产制造工艺的每个环节的质量、数量、成本、运转效率和环境、安全管理等，确保产品的制造精度领先和生产成本的最低化，并以此形成了生产运营管理的标准化模式。可以说六西格玛管理模式是对创业家成本控制的全面升级。

许多企业应用的绩效管理体系也是经验曲线对商业模式质量优化的案例。

绩效管理目标的设定一般有几个参考依据：一是行业标杆的参考数据；二是历史的经验数据；三是根据前两者而制订的发展目标。该经验曲线形成后就有了对组织、部门和员工的操作要求，这些都完成了，也就完成了企业运营商业模式的质量优化，不管是成本节约、质量的控制，还是市场的拓展等。

二、从产品到客户知识路径

此类路径是指从产品知识到客户认知并成为商业模式优化路径的方法。

市场的发展从产品制造逐步经历了产品推销、产品销售、产品营销时代，现在到了客户的云营销时代，每个阶段均有不同的要求，对企业的商业模式运营也提出了更加精细化的要求。

产品制造阶段：只要产品是客户所需要的，只要具备基本的功能属性就可以进行生产和制造，因为产品不缺需求。此阶段在国内的20世纪80年代及之前的计划经济时代尤为彰显。

产品推销阶段：随着商品的大量富集，生产制造企业需要向终端客户介绍其产品功能的差异化和独特点，所以有了推销，即需要向客户介绍产品。

产品销售阶段：随着物流业的发展，企业需要建设分销网络才能完成企业向客户的产品销售。

产品营销阶段：随着客户对商品需求的差异化加剧和品牌个性化需求的增加，产品需要经过和消费者的互动才能满足其需要，所以客户沟通、客户反应和客户共鸣促进了营销时代的到来。

客户云营销阶段：客户在满足其基本需求之后，为满足自己的求异、求新等心理需求，逐步提出了各种趣味性、超前性的需求，这就需要企业提供差异化、功能化、价值附加化和能够引起其心理共鸣的无边际营销。企业可以根据客户的心理和需求导向，顺势利导，在满足其需求的同时，以乐趣共鸣的方式引导其成为意见领袖，吸引更多的客户关注，并以此来赢得更大的市场。云营销的实质就是无边界的营销，客户需求的无边界、企业满足和引导其需求的无边界，以及企业发展无边界的营销。

现代营销运营已经到了云营销概念阶段，我们可以以此作为我们发展的前沿驱动。

7-11连锁便利店能够在零售店内提供居民小区内需要的报纸、杂志、代售电子卡，甚至保洁、孕婴照顾等服务，正是基于其对客户的深刻洞察而积累起来的客户知识营销。除上述业务外，甚至其内部的经营能够根据客户早上需要的早点、中午需要的饮料食品、晚上需要的调味品等而随时改变零售店内的产品结构和产品位置；雨天在门口放置雨伞等销售物品，等等，可见其已经熟谙客户需求之道！

　　沃尔玛根据客户在终端内的购买动线来研究消费者的购买习惯、购买品项、购买动因和购买动机等，研究出针对客户购买习性的货位设置、物品摆放顺序，以及特定商品架构等精准销售模式，应该是商业模式优化设计中的产品到客户知识路径的典型案例。

三、从经验到知识路径

　　此类路径是指从经营有形资产到经营专业知识，并提炼成为商业模式优化路径的方法。

　　武汉老百姓大客房运营的医药产业基地模式、医药连锁经营管理体系，以及医药体系相关的产业链运营架构体系等，已经成为行业的标杆，通过其成立的管理公司将该模式作为企业的知识资产，能够为许多的医药经营企业进行产业链升级、商业模式规划、运营体系优化等咨询服务作业，可以说是从经验到知识的商业模式优化设计路径的经典案例。

　　众所周知的香格里拉连锁酒店享誉全球，但却少有人知道其运营的酒店的资产和资金投入却全部由他人投资，而香格里拉管理公司仅仅投入管理人员、管理经验、运作体系等内容，但却获得经营利润的大部分。这也是从经验到知识进行商业模式优化路径的经典案例。

四、从知识到产品路径

　　此类路径是指从知识到产品，即把无形化的知识进行有形化的展现，而作为商品进行运营的模式。

　　如 SAP 等企业管理软件公司将企业管理的流程化、制度化和规范化等管理知识以 IT 软件体系的方式对企业进行出售，就是从知识到产品化路径的典型。

企业为宣传自己产品和企业，以书籍出版进行记录和传播等；许多的培训老师将课程中的部分内容刻制成光碟进行广泛的销售，都是从知识到产品的商业模式优化之路径。

第八节　优化设计之组织路径

要想弄明白优化设计之组织路径，首先需要对概念进行一定的解释：此处的组织不是指运营组织架构，而是指商业模式运营的载体，即商业模式中的利润增加或成本节约的立足点。

商业模式优化设计之组织路径主要包括如下几种：

一、基石建设模式

所谓基石建设模式，就是指对商业模式运营过程中的某要素进行聚焦建设，使之成为商业模式运营核心的模式。

例如微软为维持自己的霸主地位，将软件系统逐步从 BASIC 系统升级到 DOS 系统，后到 WINDOWS 系列，包括 NT 系统等，都是通过产品与技术的升级换代来进行的。

盛大在进入游戏市场初期采用游戏代理模式，后来又采用游戏设计和制作的独立知识产权模式，为领先于传统的游戏代理商，在游戏运营体系中采取 CSP 模式，即免费提供游戏，通过增值服务收费的模式，盛大在这种模式下成功实现了企业的二次转型，并且拥有了大大领先于竞争对手的市场份额（图 3-11）。

基石建设模式的应用重点在于，从企业商业模式的构成要素中将自己的核心竞争力提炼出来，并将之做精做专，强化，再强化，

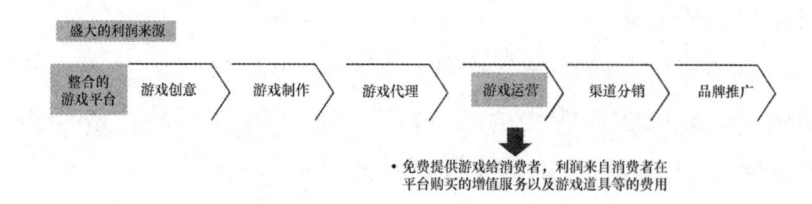

```
盛大的利润来源
整合的游戏平台 → 游戏创意 → 游戏制作 → 游戏代理 → 【游戏运营】 → 渠道分销 → 品牌推广
                                              ↓
                          • 免费提供游戏给消费者,利润来自消费者在
                            平台购买的增值服务以及游戏道具等的费用
```

图 3-11　盛大利润来源示例图

使其成为企业发展的基石。

二、技能转移模式

技能转移模式是指企业将自身的核心资源与能力从一种职能转换成另外一种职能的模式。

IBM 是美国著名的商务机器公司,但最近几年通过在中国的市场开发,主要对客户提供咨询服务来获得市场。

惠普公司从原先的设备销售向为客户提供办公解决方案进行转移。

中国管理软件巨头之一的金蝶公司,在 2009 年开始成立了咨询事业部,通过先为客户提供企业管理问题的解决方案,后进行软件落地的整体方案解决进行战略转型,获得了更多客户的认可。

上述这些企业都是技能转移模式的成功典型。

技能转移模式的应用在于以客户需求和竞争为导向,寻求差异化路径来增加市场竞争能力。也就是说技能转移模式是客户需求细分和竞争占位选择的结果。

三、从金字塔到网络化模式

此类模式为企业将利润中心从金字塔结构转移到网络化结构的模式。

单一运营的企业通常采取金字塔式的管理架构，也就是总公司是利润中心，下面有各省市的区域经营中心，再下面就是业务的运营中心。但为了优化客户关系，进行内部激励，将利润中心从"中央"进行分解到"地方"的模式成为企业实现再次突破的法宝。

江苏恒瑞制药在2005年之前是区域分销制，采取的渠道分销模式是传统分销模式，企业的发展速度一直和行业发展保持同步。2005年之后公司采取在每个区域由原来的业务人员进行承包的制度，公司给予信用额度，在区域内允许业务员在公司授权范围内进行经营。由此各地业务员积极性和市场操作的灵活性提升，带动了恒瑞制药以年度30%的速度进行增长，目前已经成为年度销售过200亿元的企业。

格力空调为快速渗透市场，和经销商建立稳健的合作关系，与经销商建立广泛的区域性合作运营公司。格力投入运营管理模式和产品，经销商在格力相关人员的指导和授权下进行区域市场的操作经营，后大家按照股权方式进行分成。在各个区域被作为独立的利润中心后，经销商积极利用自身的资源优势快速拓展市场。可以说这是在格力空调以技术领先之后的第二个商业模式的核心竞争点。

在该模式的应用中，也有许多企业将区域分公司仅仅作为经营中心来对待，区域分公司在产权上属于总公司，在经营过程中一切受限于企业的管理，仅仅让区域分公司负责人来承担经营责任。由于本是利润中心的，但仅给予经营管理权和运营实施权，所以导致了市场管理混乱、客户无法管理等乱象。

可见该模式的应用前提是企业必须清晰地给予这些区域分公司以独立的运营管理和市场操作权限，而且应该与利润中心的定位相互匹配。

四、数字化企业设计模式

该模式的主要特点是将企业所有无形（信息、沟通、知识）的业务转移到电子管理平台上而降低企业成本。

随着网络时代的到来，越来越多的企业将企业运营的历史数据等信息、上下层级的沟通、内部知识教育体系、原辅材料的供应链、生产等进行网络化、数字化等信息化管理。如戴尔的数字化采购、销售、物流模式；红孩子利用网络技术进行6000家供应厂家和销售终端店的信息完成对接，并以此获得了供应和销售之间的无障碍对接，实现了管理成本的降低。

第九节　优化设计之管理应用

本章主要是从现实/竞争、未来/创新、外部竞争、内部管理维度交叉对应的剔除、创造、减少和增加四大环节进行商业模式优化转型设计，主要从以下几方面为发展型企业家提供全新的视角：

一、剔除模式

（1）在行业进入衰退期，企业无法求得预期投入回报时，选择退出该商业模式。

（2）剔除自己高成本的业务环节，或将高成本的业务环节外包出去而采取价值链挤压模式，使企业轻装上阵，做好自己的专业。

（3）区域领先模式虽是对外围市场的相对放弃，却获得了区域内的强势话语权。

（4）创业家模式的精简帮助企业破除冗杂，实现低成本发展战略目标。

（5）剔除非重要环节，专注于擅长价值环节的基石建设是商业模式获取高效利润的基础。

二、减少模式

（1）价值链分拆，精简业务结构通常会使企业快速发展。

（2）微型分割模式在减少部分利润的同时更能控制价值链。

（3）渠道压缩模式使企业得以更广泛直接接触客户的同时，毛利率也得以提升。

（4）渠道集中模式更是提升了客户一站式购买的便利性，从而吸引更多的消费者。

（5）"卖座大片"模式减少总体业务总额的同时，得以精益求精而获得更高的毛利率。

（6）产品与技术的快速创新是企业降低经营风险而进入蓝海的主要路径。

（7）寄居蟹模式使企业在获得发展机会的同时，减少了因为摸索经验而必须支付的学习成本。

（8）数字化运营平台体系的建设和应用是利用信息化实现成本节约的最佳实践。

三、创造模式

（1）在行业成熟期，以产品与科技创新改变格局，是企业领导行业的关键路径。

（2）通过整合上下游资源的价值链会促进商业模式得到更多的社会资源力量的支持。

（3）通过利润转移模式能够提升企业总体盈利的同时获取更多

的客户认同。

（4）重新定位模式是对行业变局的革命性促进。

（5）配电盘模式的应用，增加和扩展渠道通路的同时，增加了企业对客户的吸引力。

（6）产品结构的金字塔结构化帮助企业寻求商业模式中产品的结构化价值效应。

（7）优势资源永远是企业需要获得的必备能力。

（8）通过借鸡下蛋、借船出海的策略进行的资源整合成为企业发展获取资源的路径之一。

（9）经验曲线是企业在不断总结经验基础上进行创新的重要的，也是最基础的路径。

（10）从经验到知识更是促进企业运营品牌化和知识产权价值化的路径。

（11）技能的转移在许多时候会成为企业创新并引领行业导向的战略性利器。

四、增加模式

（1）行业标准模式和趋同模式会助力企业奠定自己在行业中的位置。

（2）价值链修复会提升客户对企业的凝聚力和信心。

（3）权力转移模式能够帮企业获得价值链控制权和盈利目标实现的互相促进。

（4）渠道倍增模式可帮助企业在增加渠道通路的同时获得倍加的利润。

（5）从产品到品牌的升级可促进品牌溢价能力的价值化。

（6）利润乘式可促进品牌化的商业模式拥有更宽广的复制能力

和增值能力。

（7）客户解决方案路径可通过为客户提供附加值而获得高额的利润。

（8）售后利润模式是对客户解决方案的绝佳补充，同时可成为企业发展的第三利润源。

（9）从产品到客户知识的研究成果可使企业发展的商机持续存在并源远流长。

（10）从金字塔到网络化的利润中心的建设可促进企业同客户服务端口的增加，并以量变促质变的方式促进企业总体效能的提升。

五、商业模式优化设计的思维路径

从上述的商业模式优化设计之34种路径中我们可以看出，商业模式的优化设计路径有很多，而且均能够从企业发展价值链分析中得出。而总体的分析路径既有着对价值链某一环节的结构化、外延化和聚焦化的思考，同时又有着不同价值链环节之间的协同效应的应用。

笔者在2011年为国内某大型粮食集团进行商业模式创新中，所采用的思考模式如图3－12所示，就采取了基于价值链环节的精益化思考。如在生产环节，有外围各地米厂进行的地采及供应散装米产品生产、中高层级品牌产品的精分装、大米生产及杂粮生产，以及产品定制等的金字塔式的产品技能转移模式和微型分割模式的应用。

对营销环节，有基于客户特殊需求的OEM代工产品定制、基于礼品/团购客户特殊需求的基地定制、基于区域米厂整合的联合运营公司运作等利润转移、价值链挤压、网络化利润中心路径的应用。

同时，生产到销售物流之间价值链环节联合的理事会运营模式、从生产到销售物流之间整合的物流港模式等，都是上述思维方法论的结果（见图3-12）。

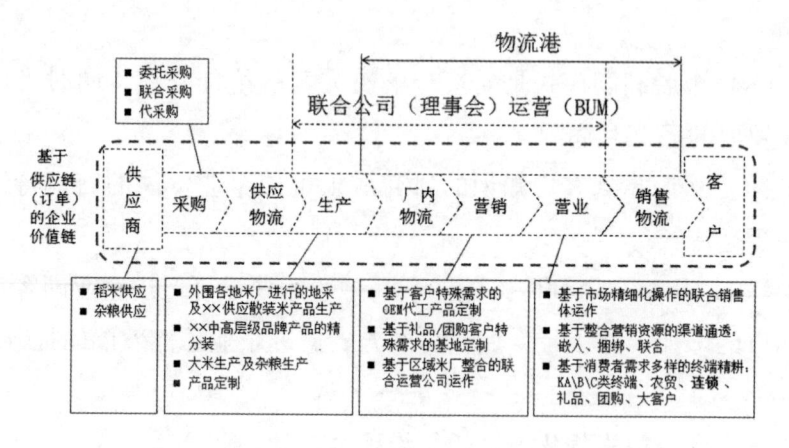

图3-12 商业模式创新设计方法论案例示例图

六、商业模式优化设计的流程

那上述的思考是如何来的呢？现在告诉大家最核心的两条：一是对企业运营价值链的深刻洞察，包括对各经营指数的曲线总结。二是对行业发展的对标分析。

具体的细节内容在第六章中的"商业模式管理——成就不难"章节中详述，所以在此不再赘述。但可以先将其中的流程环节告诉大家，以期获得预习的效果。

商业模式的优化流程主要包含以下九个步骤（见图3-13）：

1. 商业模式主题选择

企业想一次性地对商业模式进行全面优化设计到位不是不可能，但在实施过程中可能会出现力有未逮的情况，所以建议企业首先从自己经营最薄弱的环节着手，进行重点突破。

2. 行业对标研究

就某一专题对行业发展的要素和行业标杆进行对标性研究，并

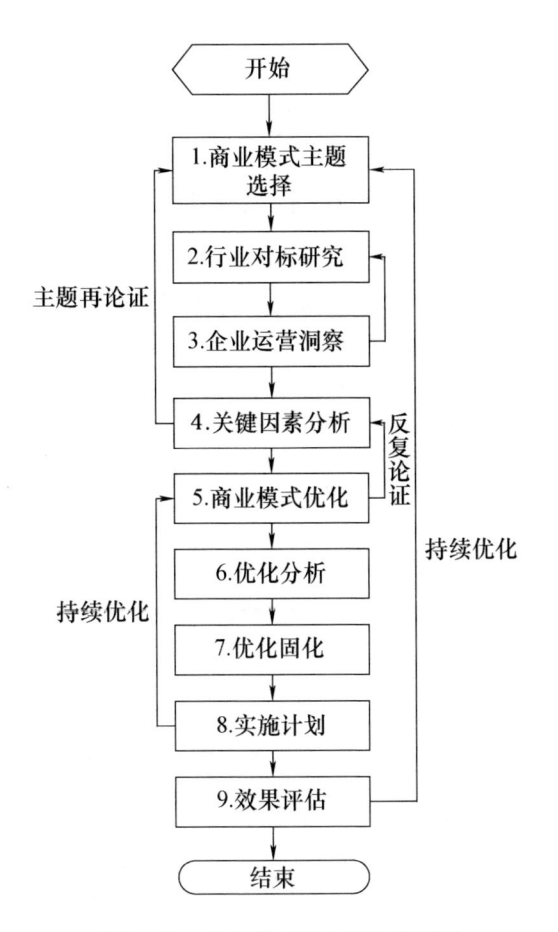

```
              ┌─────────┐
              │  开始   │
              └────┬────┘
                   ↓
         ┌───→ 1.商业模式主题
         │      选择
         │        ↓
主题再论证 │    2.行业对标研究
         │        ↓
         │    3.企业运营洞察
         │        ↓              反复论证
         └─── 4.关键因素分析 ─┐
                   ↓          │
         ┌─── 5.商业模式优化 ─┘    持续优化
         │        ↓
持续优化  │    6.优化分析
         │        ↓
         │    7.优化固化
         │        ↓
         └── 8.实施计划
                   ↓
              9.效果评估
                   ↓
              ┌─────────┐
              │  结束   │
              └─────────┘
```

图 3-13　商业模式优化设计流程图

对行业的发展趋势进行研究，得出其中的经验值和经验曲线。

3. 企业运营洞察

对企业的运营进行要点分析，包含业绩的结构性分析、运营性分析、过去成功经验和失败教训的总结，并对各关联要素进行曲线式分析，得出所有相关要素和分析主题之间的关联关系。

4. 关键因素分析

找出和分析主题相关性因素、关联性因素、扰动性因素等，主要采取的办法是敏感性分析及促进、加强、不相干、降低和破坏的五关联性关系分析法。

5. 商业模式优化

根据对标及关键因素分析，提出商业模式优化设计方案。

6. 优化分析

对优化方案进行论证，求得内部利益相关者和领导层的一致意见。

7. 优化固化

对优化建议形成优化报告，支撑实施计划。

8. 实施计划

将优化报告形成实施计划，这需要按照 SMART 原则和"5W""2H"的法则进行。

9. 效果评估

对阶段性的商业模式优化实施计划的成果与预期目标的效果进行对比和评估，分析原因，并通过对优化方案的持续优化而达到商业模式持续优化的战略目标。

上述内容的实施需要企业采取专题小组的运作体系和专业考评的激励机制，这样才能确保项目实施的结果和战略目标一致。

思考题：

1. 您是否明白上述商业模式优化的概念、技能和技巧？在上述思维领导下，您是否还有其他的思考？

2. 上述商业模式的优化路径您能否用来对企业商业模式进行全面优化？您优化后的结果将会是什么样的？

3. 商业模式优化后，您是否具备达成目标的条件？您还缺少哪些条件才能实现？

4. 中间的改变路径是什么样的？能否形成工作计划？工作计划又是什么样的呢？

5. 如果您的企业是多元化的企业，那么这么多的商业模式优化又都分别如何进行呢？又如何协同进行呢？

第四章

商业模式完善——盈利不难

第一节　系统解决方案盈利路径

随着行业分工，许多行业已经发展到了某个部件或单一产品在市场量增加到一定程度时，均可以形成细分行业。如家庭装修需要的灯具、电脑、手机等均形成了细分行业，甚至基于电脑中的商用和家用环境的不同，也已经分化为商用电脑行业和家用电脑行业。

然而，消费者仅仅拥有这些产品是不能解决所有问题的，如商用电脑，企事业单位在需要商用电脑的同时，还需要软件系统支持中央集成计算，尚需要如信息采集、信息智能分析和信息输出等的系统集成进行支撑。而这些就是系统解决方案的问题。

一、案例解读

在家用灯具产品市场中，家庭消费者在需要灯具的时候，尚需要考虑这个灯具的颜色、款式与自己整体的客厅布置格调是否一致，是否和客厅的沙发、墙体颜色匹配。在自己不专业的情况下，就需要专业的设计人员帮助自己进行全面设计，这就是系统解决方案的需求。

2009年某电气商开始在社区开设专营店，但很多客户在装修完毕后，后续的业务量急剧下降。如何才能使这些专营店的实现持续盈利呢？

笔者在咨询中发现：仅仅依靠灯具等电气的保有量更新难以维持单店的生存；而就是有更换等后续服务，其也被零散性的家政公司人员所进行；而这些服务因为服务质量跟不上而造成家庭用户的意见特别大。

基于此，笔者列出如下基础性方案：

（1）将所有的专营店全部从社区内转移到泛社区化的位置，即该店面转移到社区之外或某大型社区门口，使之能够辐射周边的两三个社区，以此增加终端用户的辐射量。

（2）加强专营店对小区内客户的宣传，特别是物业管理公司。

（3）推出整合方案业务，内容包括：对小区内所有的业主进行年度承保，承保范围为周期性对家庭用电气安全性等进行全面检修，对发生的破损现象进行24小时更换等；以此进行年度费用的收取，如每个家庭年度费用为180元，以解决电气损坏时家庭主妇无法更换的困难等。

（4）以小区的电气推介、社区公益广告的赞助等提升小区业主的信任度与认可度。

方案实施后经过核算，在一个千户家庭的小区，80%的居民住户购买了该方案系统服务，年度的毛利收入为 $1000 \times 80\% \times 180 = 14.4$ 万元，足以养活一个专营店。加上该店进行的小型工程电气应用（该业态需求也可以加入该系统）、电气的保有量更新销售等，每家店的产品销售额年度在20万元以上，按照毛利35%，毛利为7万元，方案服务性净收入20万元，则总体毛利额27万元，专营店人员配备为店主一人、业务一人、服务人员一人，共计三人，在一个年租金不超过5万元的专营店，其正常盈利水平能够保持在10万元以上。

在上述的案例中我们可以看出：方案毛利价值为20万元，而产品销售毛利仅为7万元，相比较之下，系统解决方案对系统化解决客户的需求有着无比的满足优势，同时也能够给企业带来溢价利润。

二、系统解决方案进行盈利必须满足的原则

但是从上述的案例及其他的系统解决方案提升利润水平的成功经验来看，要成功利用系统解决方案保证利润的增加，必须满足如下几个原则：

1. 要能够解决客户的深层次需要和全方位需求

以电气产品的销售为例，电气产品销售前期需要安装方案设计，如家庭装潢，应该针对客户的家装格局进行厨卫、餐厅、客厅、卧室等不同环境的电气安装方案设计；后期需要针对安装进行定期的安全检查和更换服务，特别是那些平时只有家庭主妇在家的客户，她们爬到高处更换灯泡不仅麻烦，也十分危险。

2. 必须能够推动产品的销售

产品仍然是整体方案中的核心组成部分，仅提供系统解决方案，如果企业缺乏产品的提供，或者企业没有产品的整合能力，就容易陷入无效价值劳动的尴尬处境。

武汉良之隆是一家为餐饮企业全面供应海鲜产品的企业，其不仅能够提供海鲜产品的烹饪技术和产品推广，更关键的是其能够提供物美价廉的海鲜产品。

3. 必须和产品相得益彰，并能促进产品的溢价

对于缺少方案的客户来说，能够为他们提供全套式解决方案或

一站式服务，不但可以解决他们在产品应用中的知识和技能困境，而且可以帮他们节约大量的无效劳动，如交通便利、安装方便性等。因此，企业可以与客户在价格谈判中提升产品的溢价。所以系统解决方案必须和产品相得益彰，进而促进产品的溢价。

4. 必须保证能够长期经营

对系统解决方案有需求的客户在正常情况下，需要服务的周期较长，所以方案提供者必须具有持续、长期经营的能力。客户的受益时间越长，越可能形成客户的持续需求。而从经验上来看，凡是能够持续经营的企业，其系统方案带来的溢价价值是长期的，或者是终生的。所以强烈建议系统方案提供者考虑客户价值时，要从终生价值的角度来思考自己企业的经营战略和具体实施。

6、以解决客户深层需求和全面需求为目标的系统方案提供，是领先对手和差异化竞争的法宝，系统方案提供者如果能提供系统方案，就能与竞争对手形成差异，如果再能够长期坚持，便可实现真正的企业长青。

第二节　供应链金融盈利路径

随着市场竞争的加剧，企业为突破发展的瓶颈，在追求盈利和价值链的控制权过程中，关联性企业的盈利空间必然受到一定的挤压。为获取更大的发展空间，企业还是要以整合上下游资源作为第一要务。

在前文中，笔者已经明确指出商业模式创新设计需要关注的四大要素中包括资本市场的要素。而在本节中，笔者想从供应链金融路径的角度，为企业提供上下游客户资源整合的建议。

一、供应链金融的定义

供应链金融是指把供应链上的相关企业作为一个整体,在供应链内部的交易结构基础上,运用自偿性贸易融资的信贷模式,并引入核心企业、物流监管公司、资金流导引工具等新的风险控制变量,对供应链的不同节点提供封闭的授信支持及其他结算、理财等综合金融服务。

二、供应链金融的价值

(1) 供应链金融体系的建立,可稳定核心企业与上下游客户的购销关系,提升关联企业的忠诚度,巩固供应链战略伙伴关系,提升供应链整体竞争力。

(2) 将银行信用注入供应链中,可解决上下游企业融资难题,加快整个供应链的资金周转速度。

(3) 通过降低整个供应链条的采购、生产成本,提高效益。

(4) 将销售平台和金融服务平台有机融合,打造更坚固的销售网络和渠道,扩大产销量及客户群体。

由此我们可以得出,供应链金融路径:

对上游客户的价值:无销售/少销售即获取多/快回款;

对下游客户的价值:少花钱而多/快获取货物供应;

对企业自身的价值:以供应链金融为纽带巩固企业内部控股和参股子公司、上下游客户之间的关系;另外,通过资金流量的增加从银行获取返利等。

三、供应链金融的主要表现形式

根据上述的定义我们可以看出,供应链金融就是利用金融工具,促进上下游客户在资金紧张的情况下进行快速的流转,从而实现供应链中的价值快速传递,并从运营速度中获取盈利。

根据国内银行能够提供的供应链金融产品交易,我们可以将其大体分为如下三类模式:

对上游客户:信用卡、票据融资、订单融资、内保外贸、保理模式等。

企业内部的子分公司:贷款、票据、国内证、保理、仓单动产抵押、信托理财等。

对下游客户:票据融资、保兑仓、货权抵押、保理、融资租赁等。

某集团化公司供应链金融架构如图4-1所示。

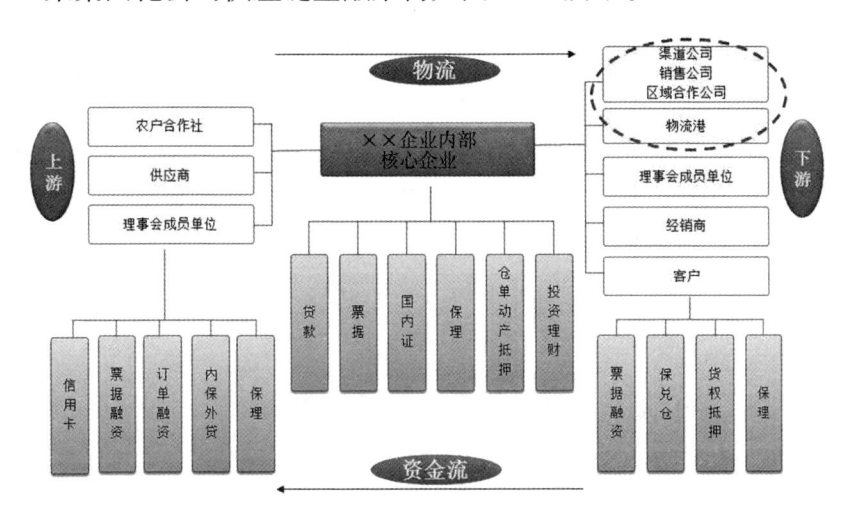

图4-1 某集团化公司供应链金融架构图

四、核心供应链金融模式简介

1. 票据融资

票据融资指公司在真实合法的交易关系和债务关系基础上,向其债权人开具票据,票据持有人在资金不足时,将商业票据转让给银行,银行按票面金额扣除贴现利息后将余额支付给收款人的一项银行授信业务,是企业为加快资金周转促进商品交易而向银行提出的金融需求。票据融资运作示意图如图 4-2 所示:

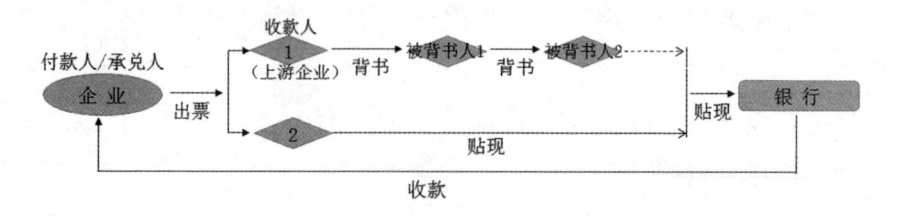

图 4-2 票务融资运作示意图

票据融资的主要操作程序:

(1) 公司在真实合法的交易关系和债务关系基础上,向其收款人(上游企业)开具票据。

(2) 上游企业持未到期的银行承兑汇票或商业承兑汇票到银行分支机构,填制《银行承兑汇票贴现申请书》或《商业承兑汇票贴现申请书》,申请票据贴现。

(3) 银行按照规定的程序确认拟贴现汇票和贸易背景的真实性、合法性。

(4) 上游企业按银行的要求提供有关材料。

(5) 银行计算票据贴现的利息和金额:

①贴现利息 = 汇票面值 × 实际贴现天数 × 月贴现利率/30;

②实付贴现金额 = 汇票面额 - 贴现利息。

(6) 银行按照实付贴现金额发放贴现贷款。

2. 订单融资

订单融资是指上游企业凭良好信用与公司签订的产品订单,在技术成熟、生产能力有保障并能提供有效担保的条件下,由银行提供专项贷款,供上游企业购买材料组织生产,上游企业在收到货款后立即偿还贷款的业务。

订单融资运营示意图如图4-3所示:

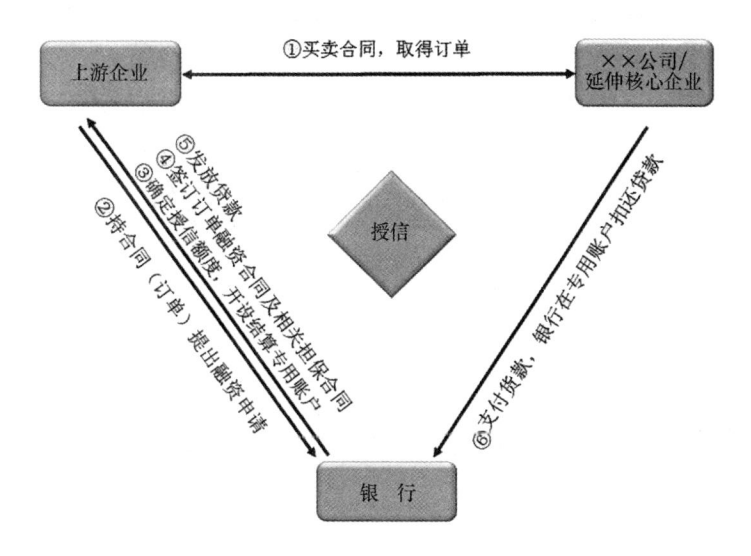

图4-3 订单融资运营示意图

订单融资的操作规程:

(1)上游企业与公司签订购销合同,并取得购货订单。

(2)上游企业持购销合同和购货订单向银行提出融资申请。

(3)银行确认合同、订单的真实有效性,确定上游企业的授信额度后,上游企业在银行开立销售结算专用账户。

(4)上游企业与银行签订订单融资合同及相关担保合同。

(5)银行向上游企业发放贷款,上游企业须按合同规定用途支用贷款、完成订单项下交货义务。

(6)公司支付货款,银行在专用账户扣还贷款。

3. 保理

保理业务就是公司的应收款项在通过银行的审核后,将应收款项转让给银行而提前获得资金的业务。

保理运营示意图如图4-4所示：

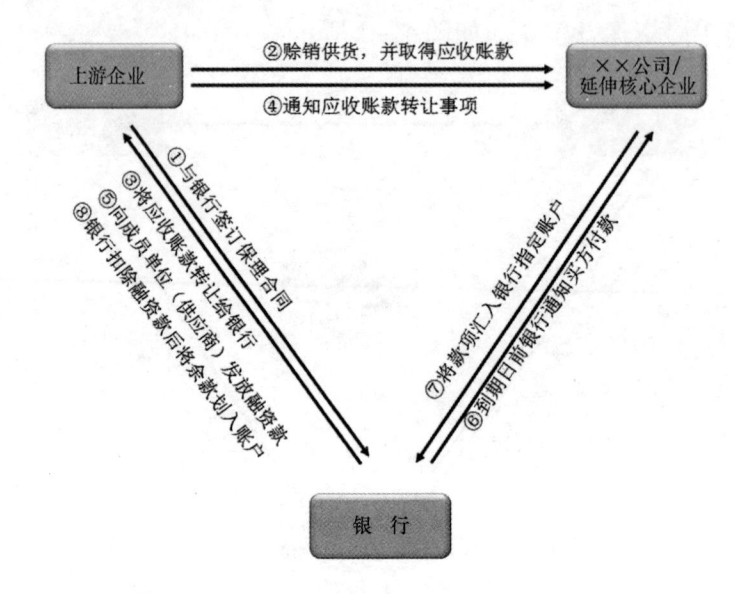

图4-4 保理业务运营示意图

保理的操作规程：

（1）卖方与银行签订保理合同。

（2）卖方企业向买方赊销供货，并取得应收账款。

（3）卖方企业将应收账款转让给银行。

（4）银行与卖方将应收账款转让事项通知买方。

（5）银行向卖方发放融资款。

（6）应收账款到期日前银行通知买方付款。

（7）买方直接将款项汇入银行指定账户。

（8）银行扣除融资款项，余款划入卖方账户。

4. 仓单及动产抵押

仓单及动产抵押是指申请人将拥有完全所有权的货物存放在商

业银行指定的物流企业,并以物流企业出具的仓单在银行进行质押。作为融资担保,银行依据质押仓单向申请人提供用于经营与仓单货物同类商品的专项贸易的短期融资业务。

仓单及动产抵押操作规程:

(1) 公司与物流企业签订《仓储协议》,明确货物的入库验收和保护要求,并按协议要求向物流企业交付货物。

(2) 物流企业向公司开具仓单。

(3) 公司持仓单向银行申请贷款,银行接到申请后向物流企业核实仓单内容(主要指货物的品种、规格、数量、质量等)。

(4) 公司与银行、物流企业三方签订《仓单质押三方合作协议》,仓单背书给银行。

(5) 公司与银行签订《银企合作协议》《账户监管协议》,规定双方在合同中应履行的责任。公司根据协议要求在银行开立监管账户。

(6) 银行向公司发放贷款。

(7) 公司实现货物的销售,购买方(客户)将货款汇入银行的监管账户。

(8) 银行根据购买方(客户)交款的比例向物流企业发送出货指令,直至公司还清所有贷款,业务结束。

(9) 物流企业根据银行的指令,向购买方移交货物。

仓单及动产抵押操作运营示意图如图4-5所示:

5. 保兑仓

保兑仓是指以银行信用为载体,以银行承兑汇票为结算工具,由银行控制货权,卖方受托保管货物并对承兑汇票保证金以外金额部分由卖方以货物回购作为担保措施,由银行向卖方及其下游企业提供银行承兑汇票的一种金融服务。

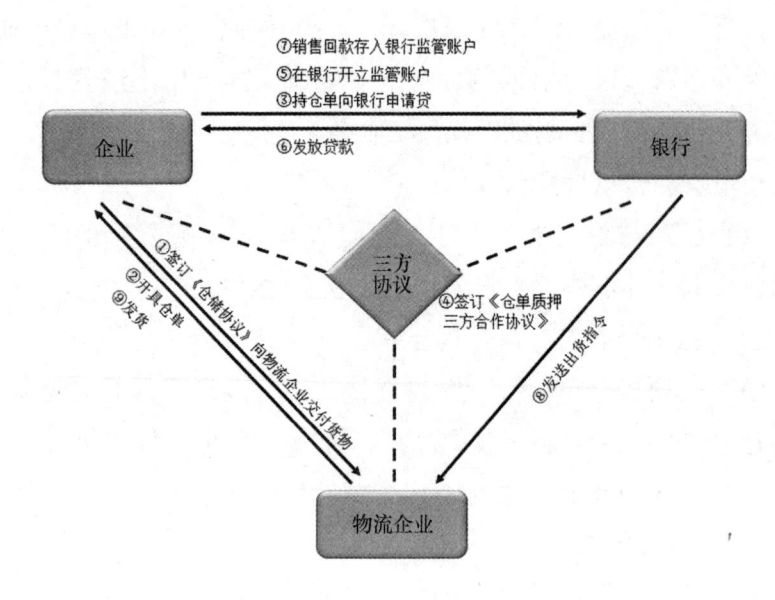

图 4-5 仓单及动产抵押操作运营示意图

保兑仓运营示意图如图 4-6 所示：

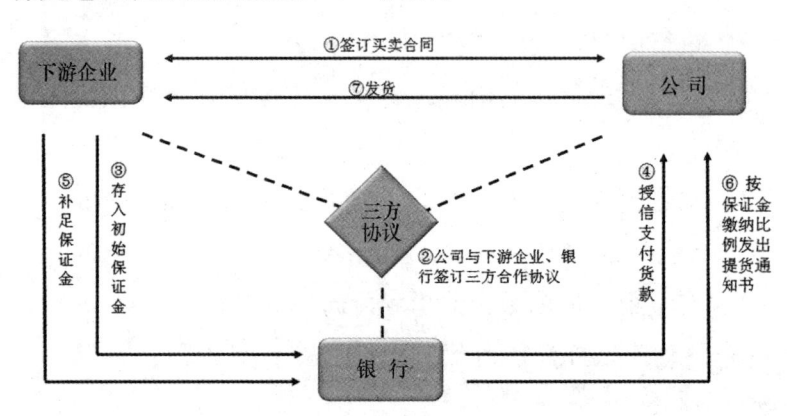

图 4-6 保兑仓运营示意图

保兑仓操作规程：
(1) 公司与其纳入供应链金融体系的下游企业签订买卖合同。

（2）银行在对下游企业的财务报表进行审核，对公司的责任能力进行审核评价的基础上，与公司和其下游企业签订三方协议。

（3）银行收取下游企业协议约定比例的保证金。

（4）银行签发以公司为受益人的银行承兑汇票。

（5）下游企业不断向银行存入保证金，银行释放相应比例的商品提货权给买方，直至保证金账户余额等于汇票金额。

（6）银行按下游企业存入保证金比例向公司发出提货通知书。

（7）公司在收到银行发出的提货通知书后向下游企业发货。

（8）汇票到期保证金账户余额不足时，公司于到期日回购未实现销售货物。

我们来总结一下，供应链金融为什么能够给企业带来盈利？

我们从上述供应链金融的主要模式来看，供应链金融可以从下面的几个方面为企业提供盈利：

（1）对上游企业进行的少/无支付款项即可获取供应而带来自身经营的顺利进行而获得盈利。

（2）对下游企业的先收款而预售的毛利差，同时该资金的提前到位而获得盈利。

（3）在其余投资项目的资本回报率超过供应链金融提供商利息和费用支付的时候，进行二次投资能够获取其中的差额，应成为盈利的重要组成。

（4）因为供应链金融模式的应用，为上下游企业带来了经营运转的可行性，在这些企业完成其自身运转而获益的时候，企业完全能够从上下游企业那里获得提供供应链金融产品和机会的收益。当然该收益率一定要大于供应链金融提供商的利益和费用额度。

五、供应链金融盈利路径实现的必要条件

1. 企业具有实力性的经营信誉

良好的经营历史记录、良性的资本和资产实力、可行的商品流转运营模式是企业经营信誉的保障,另寻找更加具有实力的企业进行担保亦是提供信任度的保障。

2. 仅对可信任、能贡献超过供应链金融提供商的利息和毛利率的上下游客户进行供应链金融的合作

合作需要三方——客户、企业和银行,所以进行供应链金融的合作,需要对客户的经营信誉进行尽职调查,这样可避免银行因为其信任度的降低而带来对自身的影响。同时,清晰判断因为供应链金融商业模式运作的引入,给客户带来的价值溢价是否超过供应链金融提供商需要的利息和费用比率。前者超过后者的时候,供应链金融才有实施的可能性。这是供应链金融实现的前提。

(3) 规范的管理流程体系支撑

严格提交各项资质证明,严格按照供应链金融操作规范进行运作,是供应链金融能够实现盈利的基础。

(4) 严谨的组织架构提供保障

供应链金融路径的实现需要公司财务部门、业务部门的紧密配合,形成结构严谨、职能明晰、职责明确、监控规范、考核确切的组织保障。

第三节　后续、辅助产品盈利

娃哈哈的"厂商联合运营体"搭建起来后,在渠道中持续地增

加产品,而增加的每一个产品,均能够在一周内将产品铺货到全国600个终端。我们可以简单计算下,每箱30元,即使只有600万箱,价值也有1800万元,所以其在2009—2010年,年度增长超过了百亿元。

东北某制米厂,原来仅仅是加工大米,加工后的稻壳作为废料被扔弃。后来在国家政策的支持下,此厂持续进行了一系列技术改革:

加工稻谷过程中产生的米糠,用来提取高品质富营养的米糠油;米糠油的下脚料里可提取植物甾醇;米糠粕可用作饲料(在现在的市场上,其价格相当于玉米);加工稻谷过程中产生的稻壳可用来发电;稻壳发电后产生的稻壳灰,可用作保温材料和肥料。

另外,稻壳直燃产生的蒸汽,可以烘干稻谷,还可用于生活区取暖用热。加工稻谷产生的碎米,可以提取米淀粉和米蛋白。

技改后经过测算,这些稻米之外的所有后续和辅助产品不仅仅带来了社会价值,给企业带来的经济利润更是超过了原来大米销售的利润。

2010年笔者在为某国际知名企业做规则时,该企业正在规划在全国各地开设区域特产专营店进行第三渠道通路的建设。该企业在其所在省份有着强势的品牌影响力,可以说是当地的产业化龙头企业。于是笔者为其创新规划了如下商业模式:

整合全省的优质土特产,通过这些产品的整体打包,在全国各地开设加盟连锁店。让原材料供应商缴纳一定的加盟费用和以最低的价格进行结算,通过核算,所有的费用承担由原材料供应商分摊已经绰绰有余,所以企业不但从加盟渠道中获得了丰厚的利润,而且还收获了供应商所缴纳费用这一重要盈利点。

上述案例,均是以后续和辅助产品来增加盈利的例子。从中我们不难看出，要想通过后续、辅助产品为企业增加盈利，必须以原有的产品为基础。

娃哈哈的产品在渠道中的不断灌入是因为渠道体系平台的搭建已经完善，在新产品入市过程中的新招商成本几乎为零，所以可以通过产品的不断增加来做加法式的增长。

制米厂的案例是因为企业有着强势的资源和能力进行政策的整合、资金和技术的整合，所以能够在原有生产平台基础上逐步增加辅助和后续的产品，从而开辟不同市场而进行乘法式的增长。

区域特产整合专营店模式是在其原有品牌平台、管理平台和渠道平台的基础上，进行的渠道集中整合，增加了这些辅助和附加的产品后，盈利能力呈几何级数增加的同时，费用结构被几何级数的稀释，从而实现了盈利能力的增强。

那什么样的资源才能够支撑后续、辅助产品的增加呢？增加产品后又如何实现盈利呢？

要解答这个问题，我们还是需要回归到商业模式的架构上来：

从图4-7架构图中我们可以看出，企业对关键业务的界定可能会限制后续、辅助产品的增加；而客户关系仅仅是促进价值传递的纽带，对后续、辅助产品的增加形成不了机会。所以我们可以先剔除这些路径。

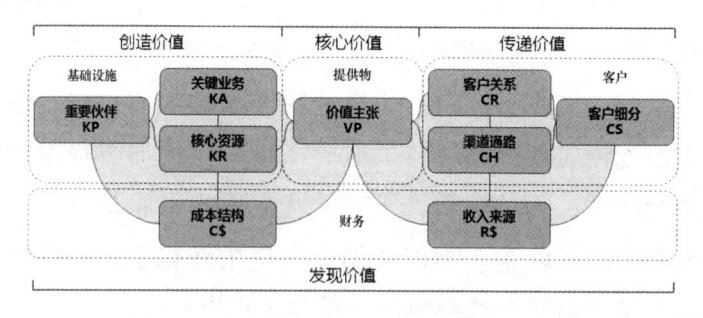

图4-7 商业模式架构

下面我们来分析其余的几个模块：

1. 重要伙伴因素

重要伙伴为企业提供原材料和其他资源的供应，在其不断增加原辅材料的供应时，企业根据原辅材料可以设计全新的产品，或后续、辅助产品。

现在许多服装行业、家居行业，新产品的研发主要依托的就是原辅材料的流行款式、流行面料和流行色彩，所以重要伙伴的新原料供应是产生新产品、后续产品和辅助产品的主要路径。

而企业在增加了后续产品、辅助产品后，还必须满足其他的几个条件：

第一，不能违背企业的核心价值主张，否则就成为全新商业模式规划了，不仅仅是简单地增加企业盈利问题，更是扩大或全新增加新的盈利路径了。

第二，核心资源必须匹配，组织能力、管理能力、人员的推介能力等必须跟得上，否则即使有了后续、辅助产品也很难形成销售规模，盈利能力也会打折扣。

第三，这些产品必须是渠道能够接受、客户有需求的，如果这点做不到，后续、辅助产品只能另辟渠道，全新规划商业模式路径了。

2. 核心资源因素

核心资源是整体商业模式中的组织因素，可以说是商业模式的"软性资源"，在该资源调控下，后续、辅助产品的增加才能成为可能。后续、辅助产品增加后，需要通过发挥核心资源的效能才得获利。如重要伙伴能够供应原辅材料；开发和整合的产品能够持续支撑我们对客户的价值主张；渠道客户和终端客户在容纳后续、辅助产品的同时，更加巩固客户关系。可见核心资源是后续、辅助产品增加的前提和先决条件。另外，核心资源中的产品研发能力更能起到关键的作用。

所以核心资源中的组织能力和研发能力不仅决定了后续、辅助产品增加的可能性，而且对后续、辅助产品带来的盈利能力起到了关键的作用。

3. 价值主张因素

价值主张是企业价值传递的中枢，如果后续、辅助产品能够支撑企业的核心价值主张，则该类或该族产品就能够得到更多的支持和容纳。反之，企业的品牌会遭到稀释，渠道的容纳度和客户的接受度会大大降低。因为企业针对某一特定的渠道和客户群体，价值主张必须是唯一的。所以价值主张是企业增加后续、辅助产品的关键因素。

然而价值主张在产品销售一段时间后，渠道成员和客户群体可能会产生一定的倦怠，所以价值主张需要阶段性或者时代性的后续、辅助产品的补充和强化，这是企业不断进步的阶梯和基础。

所以企业即使不进行全新商业模式设计，也需要持续地思考以后续、辅助产品来强化价值主张，考虑以产品技术创新争取更多的行业机会，占领行业高地。

4. 渠道通路因素

渠道通路是价值传递的关键环节，娃哈哈"厂商运营一体化"的成功表明了渠道具有很强的容纳性，能够给企业带来增加后续、辅助产品的机会，增强了企业的盈利能力。在前文的区域特产专营店模式中，更是因为渠道通路而通过后续、辅助产品获利的经典案例。

利用渠道通路的容纳性而进行的后续、辅助产品的增加，不仅能够实现增加产品、增加盈利的目的，而且可以强化客户关系，因为企业在自己增加盈利的同时,更是给了渠道通路增加盈利的机会。

5. 客户细分因素

客户细分是商业模式的基础,因为商业模式最终的盈利来源是从客户细分开始的。企业需要对客户的深层次需求进行研究,研究透了,系统解决方案才能成为可能;研究透了,关联性的产品能够得以补充;研究透了,甚至和原有价值主张关联性的产品也能得到补充。而且客户需求的深度研究,更是企业创新商业模式的空气和土壤。

从上述的内容我们可以看出,商业模式是一个立体的三维系统,我们因为其中一点而进行的后续、辅助产品的增加,均需要以通透价值链为前提。某一点的强化带来整体商业模式立体化的增强,同时商业模式立体化的增强也会对那一点带来提升,使其更加强大,最终形成"正循环",这也是称商业模式是现代企业持续、健康、快速成长驱动因素的原因。

更为重要的一点,也是后续、辅助产品能够为企业带来盈利能力增加的根本原因是:后续、辅助产品的增加所利用的是原有商业模式中各项资源,边际成本为零,而盈利是附加的。

第四节 高利润渠道创新盈利

客户层次决定渠道层次,选择高利润的渠道意味着高毛利额的获取,那如何进行高利润渠道创新盈利呢?我们需要从思维方法论的角度进行思考。

首先,需要从最终客户的层次分类进行分析。

任何产品,根据最终使用客户需求特征的不同,均可分为高、中、低三种需求层次，或者因为其他因素导致需求层次的不同。

如从经济因素来分析，根据最终用户的经济支配能力，可分为高、中、低三个层次。农村市场和一般城市市场、发达城市市场的消费人群是不一样的。在农村，夫妻店零售业态就可以生存；而在发达城市，24小时连锁店就可以存在。

因为消费的层次化问题，各零售业态的产品毛利率有着很大的差别。根据统计分析，24小时连锁店的产品加价率正常在30%左右，而在大卖场是15%，夫妻店是20%。如果是做零售，选择的高毛利渠道就是在大城市选择24小时零售；在乡村市场，可以考虑做夫妻店直营。

但另外的情况是什么呢？因为零售价格的不一致，如果我们以24小时连锁店的价格为100元为例，夫妻店的零售大多在90元，大卖场在90元，同时大卖场还需要10元左右的费用，这样倒扣下来，产品的供应价格应该分别为：24小时连锁店为70元，大卖场为65元，夫妻店为70元。由此可以看出在厂家眼中，24小时连锁店是高毛利渠道。高价的供应即意味着高毛利的产生。

其次，我们要考虑最终消费者的物理空间的层次化。

我们知道渠道具有物理空间的概念，这个概念主要包括区域概念和时间概念两个部分。

区域概念是指同样产品在不同的销售区域而有着不同的销售价格。如同样的产品在传统流通渠道只能采取常规的价格进行销售，而在机场、码头等的区域，产品销售价格明显提升一大截儿。

一把雨伞在日常的时间内在超市内销售可能仅需要10元钱，而在旅游场所作为遮阳用可能需要20元，而在下雨的时候作为特用商品也有可能出售到25元。这些都是物理空间而带来的影响。而将这些因素整合起来，就可能成为旅游区的纪念品或者特定时间的专用品，这些渠道均是高利润渠道。

以物理空间层次化进行高利润渠道建设的商业模式中，典型案例是7-11连锁，其能够做到早中晚的快餐销售，在雨季来临前进行雨伞等的店面口陈列，就是在利用物理空间提升渠道价值。

高端会所提供的商品和服务比常规渠道提供的产品和服务明显高出2~3倍，可以说该渠道也为高利润渠道。

2011年笔者为一家米业公司进行高端大米的销售渠道规划中，就成功利用该理论，在北京建立了米业销售的高端会所。具体运作模式如下：

产品进行精包装和礼品化包装，同时建立高端会员俱乐部，而大米则作为媒介吸引高端消费人群和对现代农业热衷的人群，将这些群体进行聚合，以交友、旅游作为服务的一部分，从而形成了产品的高利润销售。

最后，渠道的集约化变革也能促进高利润渠道的形成。

2002年笔者在为一家企业做咨询时，曾将其产品销售体系设计成了省级、地级和县级的分层销售系统，而每渠道层级的销售毛利差大概有5个点，另还有5个点左右的促销费用额度。但随着市场竞争的加剧，越来越多的渠道商感觉毛利额不足，产品销售的积极性明显下降，分销商与经销商之间的矛盾也不断发生。在此情况下，笔者对有意见并且已经与经销商终端合作的分销商进行直接交易，而给其的价格仍然按照原来的价格体系来执行，并按照原来的促销空间进行操作，对表现优秀的分销商还给予原来经销商的部分促销额度。这样不但快速实现了市场的渗透性拓展，而且通过一些分销商的直营（核心是利用分销商对原政策的不满）形成了高利润渠道。后续，笔者进行模式的复制，对许多的终端进行直营，拓展形成了一批高利润渠道。

由此可见，高利润渠道的形成关键在于利用客户对产品价值认同的差异化、不同物理空间的差异性和渠道商在价值链中的话语权的变化。

第五节　创新、领先产品盈利

创新和领先的产品为什么能够提升产品的盈利能力呢？

我们首先从产品的生命周期进行分析可得出，产品的生命周期包括萌芽期、发展期、成长期、成熟期、衰退期五个阶段，而产品竞争的"旋涡理论"是对产品的生命周期进行描述的权威理论。

如果对此进行深入研究，我们会发现产品在整个生命周期会体现这样的规律：

1. 产品萌芽期

创新、领先的产品体现了某一阶段的科技成果，所以其功能具有独特性，能够满足客户的差异化功能的需求，所以在投入市场的初期，因其"物以稀为贵"，能以高毛利销售。另外，在该阶段，客户进行产品选择具有局限性，如有需要只能买这一种，客户选择权的局限使得企业在该阶段具有自主的定价权，所以高价销售成为可能。

2. 产品发展期

在该阶段，越来越多的企业参与市场份额的抢占，所以在一定时间内，产品的价格体系逐步透明化，客户消费透明度越来越高，生产原材料的争夺使得生产成本越来越高，在抢占市场份额和只求规模化效益的情况下，产品价格的降低成为必然，盈利能力也就越来越低。

那么在此期间企业要想保持较高的毛利额，应该如何做呢？

保持市场份额以获取生产成本的相对降低，在不断地完善产品功能的支撑下，保持高价销售的策略是保证产品高毛利的前提和基础。

3. 产品成熟期

产品进入成熟期之后，市场的竞争愈加激烈，或者已经进入团状市场竞争阶段。在该阶段，产品品牌化、渠道差异化的重要性体现出来。不断地进行渠道创新，就意味着在新渠道中，产品依然是处于萌芽期和发展期的。

太太乐鸡精能够在终端相对完全覆盖的条件下，快速地开发餐饮企业需要的大包装产品，并逐步引领该渠道的市场，成就了其老大地位。在其他企业进行跟进后，以逐步扩大市场份额和提升品牌影响力的方式维持了较高的毛利率。

4. 产品衰退期

客户在原有产品需求得到满足后，会不断地要求产品增加新的功能和价值，而在这些不能得到满足时，产品则渐渐处于衰退期。许多企业在产品的衰退期如果不能快速地洞察客户需求，满足客户需求，则可能导致企业也迅速进入衰退期，甚至倒闭。但如果能够快速抓住发展机遇，进行产品创新，则又进入另外一个增长阶段，创新的产品也就能够引领另外一个产品的生命周期。

为什么创新、领先的产品能够带来高毛利呢？我们要从产品的价格内涵来分析。产品的价格主要体现在以下四个方面：

1. 行业价格

产品价格必须体现产品的基础功能，反映行业的属性，所以获取产品的高毛利不能脱离行业的基本规律。行业价格体现了产品价格的"趋势"。

2. 产品价格

产品都具有自己的功能属性，在该属性下，产品的价格范围也应该有一定的界限。产品价格高，则产品的价值功能就必须高，这使得价格具有"明值"的功能。

3. 企业价格

不同的企业，在消费者的心目中因为其规模性、质量水平、服务水准等已经形成了一定的品牌影响力，因为品牌的自有溢价能力而使得其产品具有一定的价格优势。这是企业价格给产品进行行业"定位"的核心表现。

4. 订单价格

因为客户订购产品量的不同，或为了市场竞争而进行促销导致产品价格的不同，谓之为订单价格。订单价格的关键作用是进行"增市"。

那创新、领先产品又如何实现盈利能力的增强呢？我们采取如下的匹配策略进行综合盈利能力的增强（见表4-1）：

表4-1 增强综合盈利能力的匹配策略

产品生命周期	行业价格	产品价格	企业价格	订单价格
萌芽期	适度提升行业价格，为以后留取空间	以产品功能进行定价，支持后续功能增加后的溢价能力		
发展期	拓展市场份额以领先市场，降低销售价格，提升竞争壁垒		提升品牌形象和品牌溢价功能，实现拳头产品的价格溢价	

续表

产品生命周期	行业价格	产品价格	企业价格	订单价格
成熟期		降低大众产品的销售价格,促进行业整合		以订单价格维持市场份额,保持持续盈利
衰退期				

通过上述创新、领先产品在不同时期的策略,可利用萌芽期的"信息孤岛效应"提升售价,确保产品领先时期的功能定价为后续的产品研发提供空间,以提升品牌形象来提升溢价能力,以及通过包括订单价格在内的策略进行增市而降低成本。

第六节　分拆业务盈利

2010年笔者服务某民营企业,该企业为当地的某行业龙头企业,研发、采购、生产、销售等均具有很强的能力,按照组织职能分别设立了供应链管理公司、生产管理公司、销售管理公司和集团公关中心及财务管理公司,但由于各个公司均有内部的行政、财务、业务管理部,所以人员冗杂,岗位繁多,整体的经营效益反而不是太好。笔者任职副总裁后,对相关的业务进行全面的组合:

1. 将各个销售处重新组合为销售公司

将原先的销售处经理变为销售公司总经理,民营企业主为董事长,销售公司总经理以管理权入股,占30%股份;而财务管控以远程的资金统一管理为原则,进行一般账户和基本账户的设立。一般账户用于开支,公司按照销售公司资金需求计划打入资金,而基本账户为应收款账户,客户的款项进入后总公司具有唯一的支配权。

通过这样的调整，各销售公司因为管理者具有股权，所以积极性大大提升，销售公司的后勤人员大量减少，部分被充实到销售一线中去，运营成本大大降低。

而且，由于各销售公司在成立初期，为非一般纳税人，纳税分为定额纳税或者凭销售增值税额进行纳税，而对于不需要增值税发票的客户则不需要纳税，又为公司提升了很大的盈利能力。

2. 精简后勤管理人员，使各业务部门成为执行部门

根据上述的经验，将生产、研发、供应链管理分别以独立公司的方式进行运作，股权分配同上。这样其管理层在积极性提升的同时，不但会自觉地减少后勤人员，节约成本，而且在承担集团内部职能的同时，也可以对外进行营业，拓展自身盈利渠道。一高一低，大力增强了盈利能力。

3. 帮助公司建立完善的财务管理制度和治理机制

上述业务进行全面重组后，建立完善的集团管理体系至关重要。财务管理为基础是现代企业管理体系建设的基本原则。所以公司建立了如下管理制度：

首先，对各个业务单元实行严格的收支两条线管理，上述的基本账户和一般账户的设立即在此范围内；其次，对外结算采取统一支付，对各业务单元的支付业务进行共享管理；最后，对内部关联交易进行内部结算管理。

同时，财务中心建立了审计监察部门，定期或者不定期地对各部门和各业务单元进行管理检查和财务审计。另外，对集团未来的投资，财务部门也从商业模式的角度进行财务战略的整体运筹和管控。

由此，集团上下形成了以各业务单元的业务财务管理为基础、共享财务为管理平台、战略财务为引领的立体管理架构，从而确保

公司实现了集团化管理中结构清晰、管控有力、执行到位、激励充分的发展目标。

4. 建立全面的服务指导体系

在上述内容均清晰后,将各业务单元筛选下来的后勤人员以及原有的管理体系中的后勤人员进行全面组合,成立了品牌管理部、战略发展部、行政管理部和人力资源部,对各业务单元的后台服务进行全面支持和集中指导。对于发生的费用采取共同投入、费用共担的原则调整。如此调整,优化下来50%的后台服务人员,后将这些人员全部充实到了业务一线中,不但为公司全面降低了成本,而且有力促进了业务的拓展。

经过一年时间的发展,上述的四大变革全部成型,在全国实现了40多个利润中心,这也就是第三章第八节中简要概述的金字塔式的利润中心模式。

笔者的此次管理经历是典型的分拆业务模式、提升盈利能力的案例,但因情况不同,各位企业家读者在参考借鉴时,要注意如下几点:

1. 业务分拆一定要按照企业价值链来进行,即在企业价值链的基础上,将价值链进行二级分解

企业的一级价值链为价值发现、价值创造和价值传递部分,简单理解就是研发、生产和营销。二级价值链需要对一级价值链进行职能细分。常规的企业中,研发可以细分为战略规划、市场调研、产品规划、产品创意、产品开发设计、产品研发、产品包装、产品生产与营销方案设计等;生产包括供应商客户管理、原辅材料采购、生产设备采购、厂房设计与建设、生产过程管理、半成品生产、成品生产、仓储管理、物流管理等;而营销包括整合营销方案规划与设计、销售通路建设、终端客户开发、销售、公关传播、营销推广、

售后服务等。将价值链分拆得越清晰,越有可能找到新的利润点和隐藏的成本点,那么只需遵照商业模式的本质,去考虑如何将利润点放大和成本点减缩就可以了。

2. 利润点放大和成本点减缩要根据企业自身的核心能力进行

企业对于自己的核心能力,应该强化并进行统一性和集权化管理,这样有利于企业盈利能力的增强,采取的策略就是如何在可管控条件下进行激励了。

对于自身核心能力不具备管理能力或者管理能力较弱的,可以考虑采取第三方外包的方式,寻找具有运营孵化能力的组织,如咨询顾问公司等三方服务体系来运营。在寻找第三方服务时需要注意的就是一定要在可控制条件下进行。

3. 业务分拆后的管理需要从治理结构和内部管理两个方面进行

治理结构主要指股权分割,关键是利益分配机制。现在有很多企业在没有上市情况下,采取资本上市后的期权方式进行员工激励,自以为对员工具有激励性,但容易导致员工看不到愿景,认为"忽悠"居多,易对公司造成不好的影响。在此建议大家采取年度分红和长期期权相结合的方式进行。

4. 业务分拆后的内部管理一定要责权利一致

既然形成了治理结构化,那么利润中心的管理者就要具备在董事会之下的经营管理权,如业务管理、人力资源管理和财务管理,这三大权限在集团公司提供相关服务之后,管理者应该具备管控下的行使权限。

就是笔者亲身的这个案例,相关的财务管理也是在拥有管控权限的前提下,给予下级利润中心更多服务支持的,如建立财务共享各中心可以减少财务劳动量、减少管理成本等。

第七节　价值链延伸盈利

价值链延伸盈利是指企业在经营过程中，通过价值链的前向和后向延伸业务范围而获得盈利增加的路径。在利用该路径进行盈利增加的思考中，我们首先需要进行企业业务在价值链中的定位和思考。

从顾客价值为核心的产业链的特征来看，企业在产业链中的定位从前到后大体可以分为：价值交换前的原材料供应、辅助材料供应、半成品供应，价值交换中的半成品制造、成品制造、物流供应、销售，以及价值交换后的品牌营销、售后服务（服务业）等（见图4-8）。

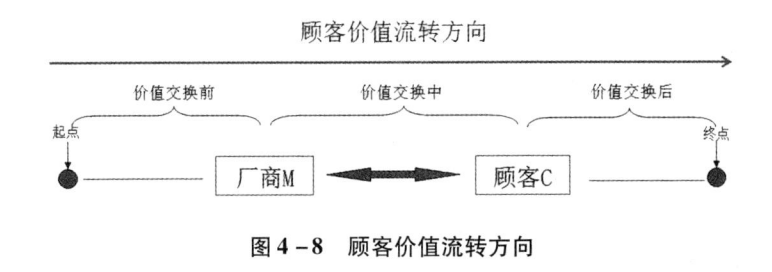

图4-8　顾客价值流转方向

那么如何通过价值链延伸进行盈利能力增加呢？

首先通过上述的企业在产业链中的定位我们看出，除最初的原材料供应和售后服务类企业外，其余均可进行前向和后向的延伸，而获取盈利空间的增加。

那么在什么样的条件下企业可以进行价值链的延伸呢？

笔者经过对前向和后向一体化拓展企业的研究得出，企业要进行价值链的延伸，必须满足如下六个条件：

1. 价值空间

价值空间是指产业链环节的价值空间。企业需要对产业链的价值空间进行分析，如果价值空间不足以支撑企业的盈利目标就没有必要思考。

如某电动车行业，整车利润空间在15%，而零配件的配套销售及服务环节的价值空间为40%，就可以考虑向其延伸。

2. 产业环境

产业发展所处阶段决定着企业价值链延伸的取向。如果前向或后向的产业环节均处于衰退期，进入该产业环节就是不明智的；如果处于萌芽期或者发展期，则要考虑快速进入并快速扩张。

3. 发展前景

市场总容量和增长速度是投资选择的重要条件，根据波士顿矩阵，我们可看出：市场容量大、增长速度快说明产业吸引力较强，反之，则较弱。

如果将产业发展前景按照GE矩阵进行排列，我们不难发现如下规律（见图4-9）。

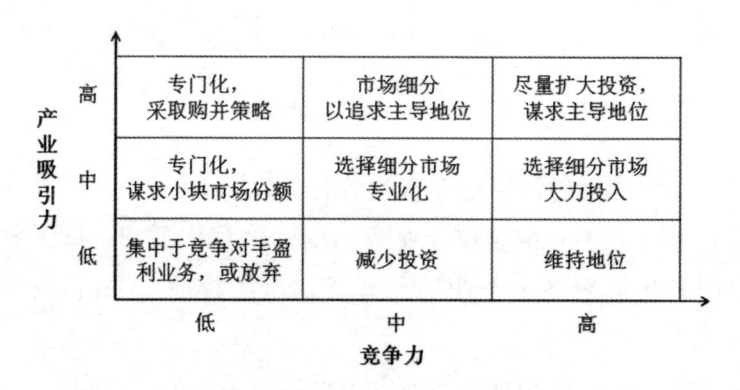

产业吸引力	低 竞争力	中	高
高	专门化，采取购并策略	市场细分以追求主导地位	尽量扩大投资，谋求主导地位
中	专门化，谋求小块市场份额	选择细分市场专业化	选择细分市场大力投入
低	集中于竞争对手盈利业务，或放弃	减少投资	维持地位

图4-9　产业发展前景GE矩阵图

如果前向或者后向的产业环节处于产业吸引力高和竞争力高的

节点，则进行延伸为明智之举。

4. 运作模式

前面的内容阐述了产业链延伸的分析方法，但我们只有明确了行业竞争模式和行业内标杆企业的商业模式运作，才能从这些内容中进行商业模式的创新。

行业的竞争模式分析常用的是波特五力模型，如图4-10所示。

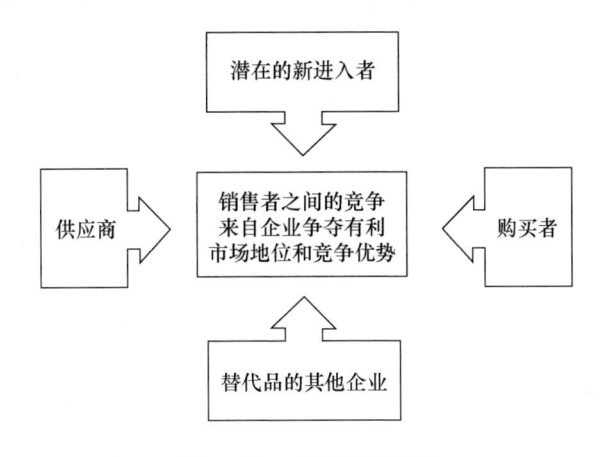

图4-10 波特五力模型

为什么行业竞争模式在这里用波特五力模型较为合适呢？原因在于波特五力模型与企业战略具有很大的相关性。了解行业的波特五力模型，可以帮助企业进行价值链延伸的战略定位。

波特五力模型与企业战略如表4-2。

表4-2 波特五力模型与企业战略

行业内的五种力量	一般战略		
	成本领先战略	产品差异化战略	集中战略
进入障碍	具备杀价能力以阻止潜在对手的进入	培育顾客忠诚度以挫伤潜在进入者的信心	通过集中战略建立核心能力以阻止潜在对手的进入

续表

行业内的五种力量	一般战略		
	成本领先战略	产品差异化战略	集中战略
买方侃价能力	具备向大买家出更低价格的能力	因为选择范围小而削弱了大买家的谈判能力	因为没有选择范围使大买家丧失谈判能力
供方侃价能力	更好地抑制大卖家的侃价能力	更好地将供方的涨价部分转嫁给顾客方	进货量低供方的侃价能力就高，但集中差异化的企业能更好地将供方的涨价部分转嫁出去

5. 创新能力

企业的商业模式创新能力，是决定企业进入价值链延伸能否成功的必要条件。围绕商业模式架构，我们可以分别在发现新客户、发现新的客户需求、渠道模式、客户关系管理、发现合作伙伴、合作伙伴关系管理、价值主张等环节进行创新。

通常情况下，如果企业创新能力不足，就只能依据资本的力量进行价值链延伸，这样对投资者、股东来说，称不上一件睿智的举措。

6. 资源能力

企业依靠什么进行价值链延伸？

即使上述条件都有了，企业有无能力进行上述的行为左右着价值链延伸的成败。如管理团队的组建、关键领导人的选择、管理组织、流程架构、市场掌控能力等，如果具备，则可能成功；如果不具备，劝企业家不要贸然进行价值链延伸。

如果企业家们正面对危机，想在条件不足的情况下进行价值链的延伸，建议选择专业智业机构如咨询公司进行合作。

解决了价值链延伸决策后，那回归该节主题——价值链延伸盈利。价值链延伸具体如何实现盈利呢？

如果我们深入思考，不难看出，价值链延伸盈利主要体现为如下几个途径：

1. 获取价值链延伸后的边际利润

价值链延伸后，许多客户在原有合作基础上增加了服务内容，业务拓展后企业的利润也大大提升。如电动车行业，在整车销售之外，企业进入二级市场，提供配件给客户销售，不但可以增强客户的服务能力，解决消费者对售后服务的需求，而且配件的销售可以增强厂家的盈利能力（配件的利润率远远大于整车的利润率）。

2. 前向价值链延伸可以强化客户关系管理

价值链延伸后，企业在增加自己和客户的盈利空间的同时，还可以加强与客户之间的合作关系。而且如果自己进行下游渠道的拓展，还可以大大提高对下游客户的议价能力，甚或开辟新的商业模式。

3. 后向价值链延伸可以提高企业的整合能力

进行后向价值链延伸，企业不但可以解决原辅材料供应的问题，而且将原辅材料供应环节与企业现状的生产环节进行有效整合，既可节约内部物流成本，也可实现管理的集约化。

第八节　行业标准盈利

汉王电子书为国内电子书行业的翘楚，引领着行业的发展，故其制定的企业标准经过宣传后也就成了广大消费者认可的行业标准，在其他企业进入该行业时，必然需要应用该标准，大多需要向汉王电子书缴纳一定的费用。

汉王电子书通过行业标准增加了两个盈利路径：

（1）向国家申请技术标准而获取的科技创新奖励。

（2）其他竞争性企业缴纳的费用。据媒体报道，单单2009年一年，汉王电子书共获取了2000多万元其他竞争企业缴纳费用，全部转换成了企业利润。

武汉九州通为国内医药流通领域的翘楚，在医药流通体中多次参与国家的标准制定，而其自身的管理，如医药准入、医药储存、医药物流，甚或产业园区的建设、信息化管理、人力资源服务等均有着超越国家标准的标准化体系。现其依托这些管理知识成立了专业的咨询顾问公司，承担了国家相关项目研究，获取了大量的资金支持，同时针对各个区域的医药物流公司和医药物流产业园提供管理咨询服务，均获得了大量的利润。

由此我们可以看出，企业进行行业标准盈利，有着如下共性：

1. 行业标准产生的前提是领先行业的技术或管理规范

如果你的技术或者管理水平不能领先行业，或者难以复制，那么标杆作用难以呈现。

某特色产品生产地，由几家公司组成了行业协会，促进当地政府申请了产品的原产地保护，但因为其管理规范无法形成标准，所以没有形成盈利来源，实在可惜。

2. 行业标准的产品必须有强大的品牌支撑

技术标准代表着产品的可靠性，通过广泛传播后，成为消费者广泛接受的有力支撑，才能形成行业壁垒，引领该类别产品的销售，带来广泛的市场和盈利空间，其他企业才愿意向你缴纳费用。

3. 严格的标准化管理体系建设作为保护的基础

没有标准化管理体系，包括打假体系的支撑，标准就可能被广泛滥用，造成企业前期出力不少但后期没有盈利。

20世纪90年代，笔者所在的企业研发出了以"豆奶粉"和

"花生奶粉"为代表的植物蛋白奶粉这一品类，因为缺少行业标准的保护，研发的产品成为行业标准后，许多企业均可使用，而没有为企业带来盈利，最后仅获取一个"中国植物蛋白奶粉行业标准制定者"的虚名。

4. 标准的应用管理体系必须健全

众所周知，微软研发出的操作系统MICROSOFT不仅申请了专利，更是通过市场推广成了行业标准，其不但向授权使用的企业收取费用，而且向消费者出售应用版权，可以说是行业标准盈利的典型。这样的应用因为其有着授权通路的严格化、标准化管理，不会造成盗版遍处而难以盈利。一些国内企业好不容易开发一个新标准，自己还没盈利，盗版先赚了大钱就是例子。

第九节　品牌延伸盈利

迪士尼乐园在大众心目中，就是休闲娱乐的代表，其品牌为广大消费者所熟悉。迪士尼不需要生产任何产品就可以将其产品销售往世界各地，因为可以授权更多的玩具生产厂家用其品牌名进行产品的生产，而自己获得品牌授权利润。

当年蓝猫通过一部动画剧被广大消费者认知后，对饮料、日化和服装、玩具等领域产品进行品牌援权，获得了更多的盈利。

上海世博会、北京奥运会均通过广泛的授权，将吉祥物、卡通、专用服饰、专用饮料等进行授权生产销售而获得盈利。

上述例子均是品牌延伸盈利的典型。通过上述的案例我们来分析一下其中的共性，看如何通过品牌延伸进行盈利。

首先，品牌核心价值具有宽泛的延展性。

从品牌延伸频谱图（图4-11）我们可以看出，品牌能给予消费者核心概念、关联理解和非关联印记。如果系列产品概念中均能体现某一品牌的核心价值，企业就可以进行良性的品牌延伸。同时，品牌核心价值要能够涵盖系列产品的价值理念。

品牌延伸频谱

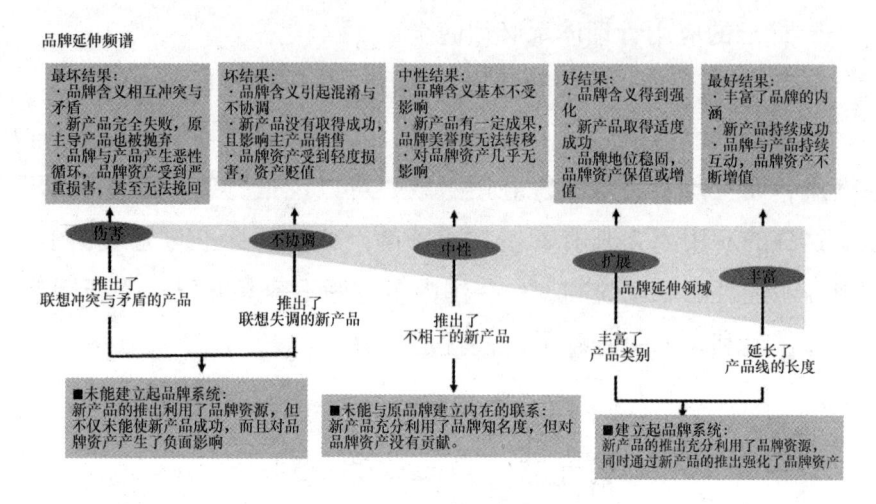

最坏结果	坏结果	中性结果	好结果	最好结果
·品牌含义相互冲突与矛盾 ·新产品完全失败，原主导产品也被抛弃 ·品牌与产品产生恶性循环，品牌资产受到严重损害，甚至无法挽回	·品牌含义引起混淆与不协调 ·新产品没有取得成功，且影响主产品销售 ·品牌资产受到轻度损害，资产贬值	·品牌含义基本不受影响 ·新产品有一定成果，品牌美誉度无法转移 ·对品牌资产几乎无影响	·品牌含义得到强化 ·新产品取得适度成功 ·品牌地位稳固，品牌资产保值或增值	·丰富了品牌的内涵 ·新产品持续成功，品牌与产品持续互动，品牌资产不断增值

伤害	不协调	中性	扩展	丰富
推出了联想冲突与矛盾的产品	推出了联想失调的新产品	推出了不相干的新产品	丰富了产品类别	延长了产品线的长度
■未能建立起品牌系统：新产品的推出利用了品牌资源，但不仅未能使新产品成功，而且对品牌资产产生了负面影响		■未能与原品牌建立内在的联系：新产品充分利用了品牌知名度，但对品牌资产没有贡献。		■建立起品牌系统：新产品的推出充分利用了品牌资源，同时通过新产品的推出强化了品牌资产

图4-11 品牌延伸频谱图

迪士尼、世博会主题和奥运主题等均具有广泛的意义，其载体均可以多种多样的方式进行表现，所以可以进行品牌化运营。

其次，授权产品必须体现品牌的核心价值主张。

奥运代表了拼搏和奋斗精神，如果产品代表了健康、科技、环保则可以被授权，如果宣传沙漠化治理则大不适宜；迪士尼为娱乐代表，如果宣扬航天科技可能也很不合适。

第十节 完善设计之管理应用

笔者在前几章创新设计、优化设计的基础上，围绕着商业模式架构，在本章的内容中进一步拓宽了读者的思维，旨在指导成熟型企业家在现有商业模式的基础上进一步提升商业模式的盈利能力。

系统解决方案盈利路径通过深刻洞察客户的需求，以系统解决方案升级原有的产品系统可获得产品之外的服务盈利。

供应链金融盈利路径通过供应链金融产品的应用，将企业的财务管理拓展到客户的金融产品应用，进一步整合银行、信托、物流业等外在资源，可大大盘活现金流。

后续、辅助产品盈利则是利用客户和渠道的通用特性，通过后续、辅助的产品获取渠道的边际价值。

高利润渠道创新盈利则是利用渠道的创新，通过选择高利润渠道扩大企业的盈利空间。

创新、领先产品盈利通过创新、领先产品在促进企业高盈利的同时，促进企业发现新的商业模式应用领域，促进企业维持在行业中的领导地位。

分拆业务盈利是通过企业内部管理体制的变革，在提升团队的积极性的同时，通过组织的治理结构变革进一步提升企业的盈利能力。

价值链延伸盈利不但可促进企业一体化战略性发展，还可给企业带来现有资源边际利用的价值，促进企业多元化增长。

行业标准盈利促进企业在管理上形成知识资产，从而建立起行业壁垒。

品牌延伸盈利是企业进行高度品牌化，由此不但可通过品牌延伸和授权进行盈利，而且可以将使企业经营的品牌产生社会化影响。

那成熟性企业如何进行上述的完善设计和应用呢？

第一步：向前看。

首先，需要看客户的深度需求，如果有系统解决需求，可以考虑系统性的解决方案；如果有其他附加的需求，就可以考虑后续、辅助的产品；如果有附加功能性产品的需求，则可以考虑推出创新、领先的产品。

其次，看客户需求的层次，看客户消费环境的层次。如果有分层，则可以进行高利润渠道的拓展。

第二步：向后看。

看合作伙伴的供应能力。供应能力强，可以促进创新、领先产品的研发协同；供应能力弱，可以考虑应用供应链金融帮助其提升供应能力。

第三步：看自己。

看自己的经营能力水平，能力具备，可以考虑以供应链金融强化上下游关系，提供附加服务；能力不具备或者较弱，可以考虑分拆业务盈利提升内部竞争力，从治理结构上进行优化和提升。

第四步：看空间。

上下游都具备吸引力，自身也具备经营能力，则可以考虑上下游的价值链延伸，或参与，或完全自主进行。

第五步：看提升。

自己的运营能否成为行业标杆，运营体系能否知识化，能则进行标准化盈利之思考；看品牌是否具有宽泛的延展性或能否形成意识形态的能力，具备，则可考虑进行品牌延伸盈利。

第六步：看管理。

上述内容的管理体系是否具备，具备，则均可考虑实施；不具备，则说明企业尚需要在管理上继续强化。

如上内容是对成熟型企业的商业模式创新的思考，即使你的企业不需进行拓展，也能了解夯实管理的重要性。

思考题：

1. 企业在行业内的位置是什么样的？领导者、领先者、竞争者，还是参与者？

2. 企业未来的发展路径是维持、延展性拓展，还是创新性发展？

3. 企业在提供给客户的产品体系中，应该提供后续、辅助产品、创新/领先产品，还是系统解决方案？

4. 是否考虑到利用供应链金融进行上下游客户的关系管理？或与上下游客户结成战略联盟？

5. 企业是否已经具备了分拆业务的能力和基础？如果具备，可否快速进行金字塔式的利润中心建设？

6. 企业是否有必要进行价值链的延伸？是深度进行？还是利用前述的供应链金融进行纽带强化？或者仅仅加强客户关系管理？

7. 企业的管理体系是否可以知识产权化？品牌是否具备广泛延展性？如果可以，又如何进行？

8. 如果什么事情经过诊断后都能做，能力也都具备，你准备如何去做呢？

第五章

商业模式整合——管理不难

第一节 商业模式延伸频谱

大凡发展到一定规模的企业都是多商业模式发展，但多个商业模式之间只有整合起来，才能发挥"集群效应"，否则企业可能会因为管理成本的增加造成各商业模式均难以经营成功。

所以，对于商业模式处于发展期或成熟期的企业，如果想进行商业模式的整合，必须经历企业进行战略性拓展的必由之路——商业模式的延伸。

笔者经过多年的研究，发现企业延伸商业模式均具有如下规律。

每个企业都有自己的定位，不管其经营的范围有多么宽广。一个产业价值链从初始原材料的供应开始，均需要经过价值制造、价值传递和价值交换三大阶段。由该延伸频谱（图 5-1）我们可以看出，企业商业模式的延伸可有以下方向：

1. 厂商方案制订者

为价值链各环节的客户提供各项管理咨询方案或服务，如创投、顾问、广告等，当然其商业模式的延伸可以延伸至价值链的任何环

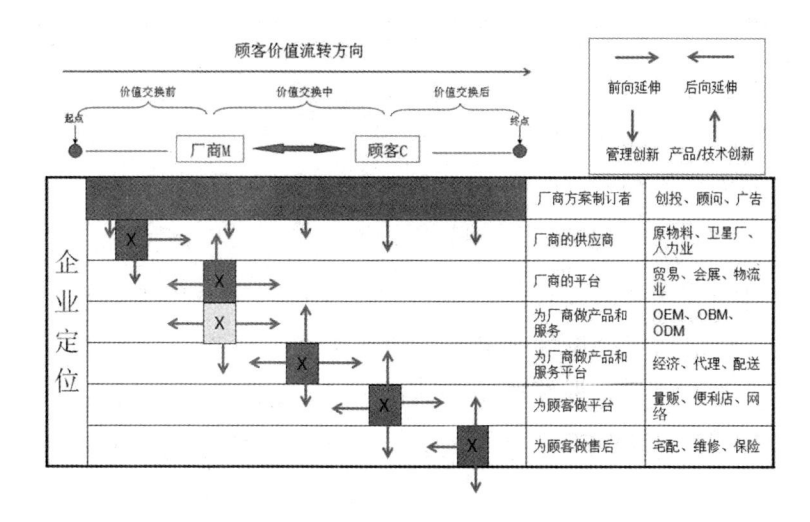

图 5-1 商业模式延伸频谱图

节，如进行原材料供应、生产制造、销售体系甚至售后服务体系。

2. 厂商的供应者

在强化自己管理经营能力的同时，通过对客户关系管理提升等途径渗透进入厂商制造环节。

3. 厂商制造者

进行产品制造，可以再向上游原辅材料供应商或下游销售服务商进行价值链延伸，同时还可以将自己的生产标准化，寻求通过行业标准盈利，也可以将产业链进行挤压发挥自己的长处，专为同行进行代工、贴牌生产等。

4. 厂商产品或服务的平台商

为产品制造商提供如经纪代理、经纪人代理、配送等服务，可以前向进入销售或售后服务，后向进入产品制造或产品制造的服务。

5. 顾客平台

目前许多零售终端即为顾客平台，作为直接面向客户的平台，在进行采购时，可以向上游进行转型，也可以形成行业标准进行知识化盈利。

6. 顾客的售后平台

像宅配、维修、保险等业务，都可以向上游进行转型，也可以选择建立行业标准或进行品牌化以盈利。

所有商业模式的延伸均可在自身商业模式的基础上进行水平化的复制，通过行业标准化和品牌延伸化实现盈利增长。

那商业模式的延伸频谱给我们什么启示呢？

如果从产业价值链的角度看，因为上下游之间的商业模式具有资源共享性，所以商业模式的延伸最好是临近进行。如果是非连续性的商业模式整合，资源之间就缺乏互补性，商业模式的延伸等同于商业模式的创新与转型了，因为前述有商业模式的创新设计，所以这里不再赘述。

那如何进行商业模式的延伸呢？

首先，我们需要判断商业模式延伸的可能性。

要先分析自身所拥有的资源与能力。例如企业自身管理运营能力缺乏，就不建议进行商业模式延伸，若强制性地与别人合作，最终的结果只能是为他人作嫁衣，千万不要落入"为了卖化肥，自己建设几千万亩农田"的境地。

其次，我们需要判断商业模式延伸的可行性，即看是否值得自己去延伸。

如果延伸后其独立的盈利能力或者两者合效的盈利能力还不如以前，还不如将原有的商业模式"做精做透"的好。

再次，我们需要判断另一环节商业模式的吸引力。

在产业价值链中，如果该环节的商业模式是盈利空间最大的环节，我们就可以进行核心资源能力的转移，进行战略的再选择。

最后，我们还需要对商业模式进行全新的设计。

企业家们应该从基础做起，最好从商业模式的创新设计开始，对商业模式延伸进行全新的细致研究、全新的投入和全新的运营，当然在运营的过程中，能够借力原有商业模式的资源则更好。只有这样，才能保证延伸后的商业模式的健康和独立，成为独立的盈利中心，这也是商业模式的本质，不能盈利的商业模式不能称为商业模式！

第二节 商业模式整合路径

根据上节商业模式延伸频谱的介绍，我们可以看出企业的发展路径为：

在自身商业模式运作良好的情况下，可通过前向、水平和后向三大商业模式的整合路径进行扩张性发展。

一、前向整合

前向整合是指通过价值链的前向过渡进行的整合。如生产制造型企业收购销售型公司，组建产销一体化公司；原辅材料供应公司通过收购、控股生产制造型公司，形成供产一体化公司；科研公司通过筹资建立生产和销售团队，形成研产销一体化公司等均属于前向整合。

前向整合在业内比较典型的就是格力电器的经销商网络整合了。

原本格力电器专注于电器生产技术的研发和生产，是产品科技领先企业，后依据其强大的生产能力和品牌影响，采取和经销商合办区域化联营公司的方法，由格力进行控股，从而完成了产销一体化的运作。此后，由于能为经销商提供稳定的货源供应、销售指导、较高的毛利差额、合理的分配机制等，最终完成了对销售网络的强势控制。

笔者在为某米业巨头（A公司）进行区域化扩展时，也采用了商业模式的前向整合。

A公司原来大客户很多，但多为贸易型客户，不利于A公司的市场拓展，后经过与部分客户的协商，组成了区域联合运营公司，A公司以粮食、品牌、运营管理规范等占公司股份的51%，客户（贸易型公司）出资、提供网络和运营管理等占公司股份的49%。

在利润上，A公司拿年度利润的30%，客户（贸易型公司）拿40%，经营管理层拿30%。这样A公司既解决了原客户的利润保障问题，也在经营商管理中占了主导地位，粮食的销售得以在区域市场中精耕细作，总体销售额大增，利润也大增，并且形成了网络化的利润中心，为后期规模化上市提供了契机。

由上我们可以看出，商业模式的延伸除依靠自身力量开拓外，还可以通过控股的方式进行。但此种方式必须满足三个条件：

第一，财务的管控权。在兼并重组中，公司必须掌控51%以上的股权才可以进行后续管理上的实施。

第二，严格的管理规范。企业必须具有可复制性的运营管理体系，能够给联合运营公司带来比以前更多的利润。

第三，重大人事权。必须遵守公司章程和董事会章程，否则可能因为人事的重大变更而造成上述内容无法实施。

当然，这些内容都是以公司的品牌、运营、产品与技术来作为基础的。

同时，在运营过程中，企业必须严格控制内部结算的灵活度，这样才能保证整体运营成本的可控性、对外价格的竞争性，以及具体运作的灵活性等，这些都是后续经营成功的保障。

二、水平整合

所谓水平整合，是指企业通过对同类企业进行兼并重组而获得增长的路径。

让我们来举例说明。

某地有A、B两家公司。A公司是B公司的生产原料供应商，B公司虽然在销售上具有一定的优势，但在发展中总受到A公司的影响。在笔者的管理咨询建议下，B公司与A公司联合成立了运营公司，并且B公司成了A公司的微型加工厂及区域的销售运营公司。后续经过财务核算，A和B两家公司均获得了较之前更多的利润。

原因在于：

第一，双方整合区域内的销售网络资源、人力资源、管理资源等促进了核心资源与能力的提升。

第二，随着资本实力的增强及双方优势的集成，区域内的销售网络得以进一步深化，能够对区域进行精耕细作和精细化管理，大大提升了市场份额；同时，由于市场份额的提升，可以将产品价格控制在一定的优势程度上，又增强了整体的市场竞争力。

第三，A公司原品牌进行现代终端操作，B公司原有品牌进行传统渠道操作，有了区隔，减少了同室操戈，避免了资源浪费，大大降低了运营成本。

第四，管理资源的整合降低了后勤管理的成本。所以双方整合后在商业模式上各个环节竞争力提升的同时，成本反而得以全面降低。

商业模式的水平化整合必须注意以下条件：

1. 整合方对被整合方，在商业模式上要有优势

这种优势可以是资源或运营能力或客户关系或价值主张等。只有整合方在商业模式上优于被整合方，才能在整合过程中占据优势。

2007年笔者在为某一地方强势品牌啤酒企业进行商务洽谈，客户对自己的企业和产品颇为自信，谈自己的企业如何如何优秀，好像雪花、燕京和青岛啤酒见之则大不如。然而笔者却直言相告：几年后，该企业的出路可能只有两条，要么被兼并，要么自己倒闭。

笔者对该企业老板说到，要想活得滋润些，要想能够长期坚持下来继续做"区域王"，最好对商业模式进行全面优化，否则即使被兼并，也得不到更高的价值认可。

但结果呢？该老板自行其是，直至现在也没有被雪花等进行兼并，缘何？不是他不想，是人家不愿意了。产品技术的落后、市场的日益萎缩、品牌价值的回落已经不值得大牌啤酒集团收购了。

相反当年笔者商洽的另外一家，在笔者为其进行客户关系管理优化后，市场份额一直为多家的全国寡头啤酒集团所垂涎，大家争先恐后与其商洽股权购置，其不但成活了下来，而且企业盈利和员工收益均得到了较大的提高。

2. 整合方对被整合方，在管理上要具有容纳性

管理上的包容，主要体现在产品的市场竞争具有区隔也有包容，渠道系统上有兼容也有优势组合，客户关系管理上有优化但少摩擦，价值主张上能优势互补的同时也能形成对外的协同竞争或屏蔽，合作伙伴可以共享，资源与能力上提升管理水平，核心业务能够做到核心重要相互补充和配合。

上述这些内容也是企业在进行水平性兼并重组的过程需要注意的细节性事项。许多企业在进行水平性收购中，没有关注到这些细节，仅仅是资本上的收购，最后管理水平没有提升，导致失败。

三、后向整合

后向整合是指企业通过价值链的后向过渡进行的整合。如生产制造型企业收购原材料供应公司而形成供产一体化公司、生产制造型公司通过收购研发公司形成研产销一体化公司等均属于后向整合。

东北某装备制造公司技术先进，但因缺少原材料的供应而无用武之力，长期亏损，一度陷入半停产状态。后通过努力，政府为其划拨了上千亩地，建立了钢铁物流产业园，如此不仅解决了自己企业的原辅材料供应，而且通过自己的产品、技术优势形成了更大的产业链：

（1）打造钢铁物流的平台，自己获得低价高质量原辅材料，对外的销售形成了更多的利润。

（2）在产业园内进行的供应链金融业务为自己的公司解决了现金流的问题，二次融资强化了与上下游客户之间的关系，而且获得了收益的增长。

（3）物流产业园的运作中出现的餐饮、物流、服务业务等为公司进行多元化拓展提供了更多的商机，就是土地置换也为企业赢得了更多的利润。

当然该公司为实现整体的转型，在商业模式后向整合的过程中，在管理上也做了大量的工作。首先企业内部的资本治理结构完成了股权制的分割，对资本股权、管理股权做了进一步的梳理，给予经理人团队管理股权吸引了大量的高级管理人才；组织架构由原来的科层级管理体系向流程式矩阵架构过渡，形成了以业务单元为利润中心的管控体系；层级分权制度的建设厘清了组织职能和个人职责，激发了管理人员的积极性；战略绩效管理体系的执行使全体员工工作目标清晰、作业规范和绩效提升；企业文化的再造使全体员工更加具有了归属感，而没有因为业务单元的增加而"离心散德"。

诚然，在最初的时间内，该公司虽战略意图清晰，但因为管理资源和能力的缺陷导致工程一拖再拖，直至解决后工程才顺利完工。现在，这家公司业务量逐步提升，利润额也在逐步增加，员工和股东收益也在快速提升。

由上述的前向、水平和后向三大整合路径来看，不同的商业模式整合路径有如下共性：

1. 整合方的商业模式必须具有一定的先进性

即使整合前不具有先进性，在整合期或整合后，也应该快速整合双方的优势，否则即使依靠资本力量进行强势收购或整合，也难以将两者完美结合在一起，突出核心业务，用边缘业务屏蔽竞争对手的结构化效益难以实现，有时候还会出现左手打右手的现象，内耗将使整合效益为零或为负。许多一体化增长或者一体化商业模式整合的失败就说明了这个问题。

2. 商业模式的管理能力必须到位

商业模式整合的成功关键在于整合实施的管理到位。该管理内容既包括治理结构的管理、战略管理、管控实施、流程优化和再造，又包括商业模式再造后的实施策略、实施方法、实施工具，还有实施过程中的促进因素，如绩效管理、激励管理和过程监控考评等。

当然，这些管理的基础就是商业模式的整合，商业模式的整合或者再造的商业模式是一切管理的核心，这个不正确，后续实施得越到位、越彻底，目标就可能越难以实现。

所以商业模式整合之简要流程应该为：

第一步：商业模式整合。

第二步：商业模式整合为再造商业模式后，进行治理和管理方面的规划。

第三步：充分论证商业模式和管理模式后，再进行商业模式整合及运作。

第三节 商业模式升级路径

除考虑上述商业模式整合路径外，企业发展到一定阶段后，进行商业模式的升级可能是企业盈利能力升级的必要考虑了。

笔者根据多年的研究与总结，归纳了如图5-2所示商业模式升级路径，以供各位读者进行学习和参照：

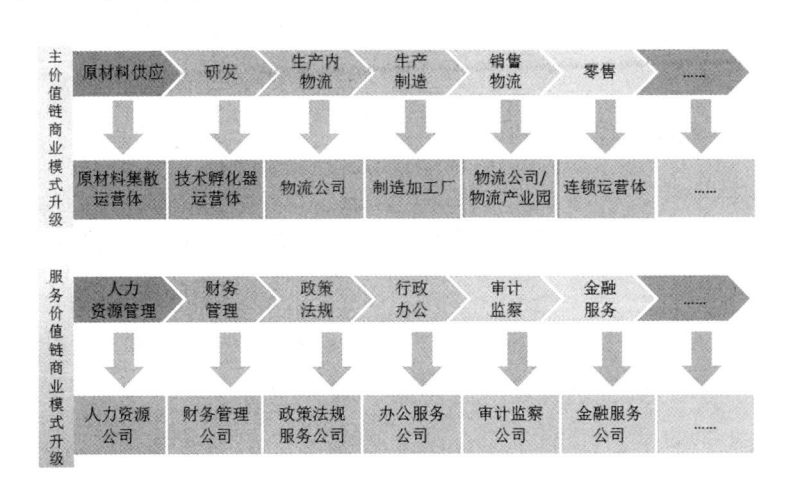

图5-2 商业模式升级路径图

商业模式升级路径主要包括企业主价值链的升级路径和服务价值链的升级路径，而升级的目标为提升企业的盈利能力。下面我们来逐一进行描述：

一、从原材料供应向原材料集散运营体的升级

前面笔者向读者描述的钢铁物流产业园的升级，就是一个从原

材料供应向原材料集散运营体升级的经典案例。原来的原材料供应仅仅起到采购的功能，具有三种形式：

一是供应商直接送货上门，直接送货到自己指定的仓储地；二是自己上门拉货，物流可能需要自己负责，也有可能用第三方承保服务的物流；三是因为物流的原因，物权的交接地是第三个中间地。负责采购的部门原来仅仅是企业的一个职能组成部分，现在升级后则转变成了独立的运营公司，具有了独立的商业模式运营职能。可能的模式如同第一章笔者引用的粮食物流产业园的商业模式。

在此情况下，企业的原料采购部升级为物流产业园事业部，其下游有着很多的客户，自己的企业也可以作为其中的客户来进行关联性交易或独立交易。和上游进行的不仅仅是单一采购行为，更多的是提供交易场所，整合更多的供应商在产业园内进行交易。当然规模足够大的时候，还可以提供其他的服务，如地产租赁、商务会议、信息平台等。

诚然，在原料采购向物流产业园的升级中需要注意满足母体公司的原料需求。

作为独立的法人机构，最好具有自我的生存能力，包括资金来源、客户交易平台建设等所需要的资源和能力。

由上可见，原材料供应向原材料集散运营体的升级存在以下几个方面的转型升级（见表5-1）：

表5-1　原材料供应向原材料集散运营体转型升级表

转型升级	原材料供应	原材料集散运营体
与企业关系	采购部门	供应商平台
价值主张	满足供应职能	提供交易平台和采购外包服务
服务客户	自己所归属的企业	多个企业客户

续表

转型升级	原材料供应	原材料集散运营体
上游客户关系	交易关系	平台提供商
资源与能力	企业资源	平台化资源
	采购能力	平台运营能力
服务内容	原辅材料采购和供应	地产服务、资本服务、商务服务、信息平台运作
身份	企业部门	独立运营商

二、研发向技术孵化运营体升级

笔者刚刚参加工作时，在公司内主要负责技术研发工作，后根据企业发展的需要，在省发改委、无锡轻工大学（现更名为江南大学）的共同投资下，公司成立了省级科技产品的研发公司。我们公司采取运营费用由集团公司承担，对研发项目产生的利润进行提成的方式进行合作。而对于研发出的成果，在满足集团需求后，可以将其他成果进行对外转让，可以对外以技术和管理作为投资进行参股，甚至控股性地经营实体，产生的利润40%归集团，60%由研发公司自行分配。技术孵化运营体的商业模式见图5-3。

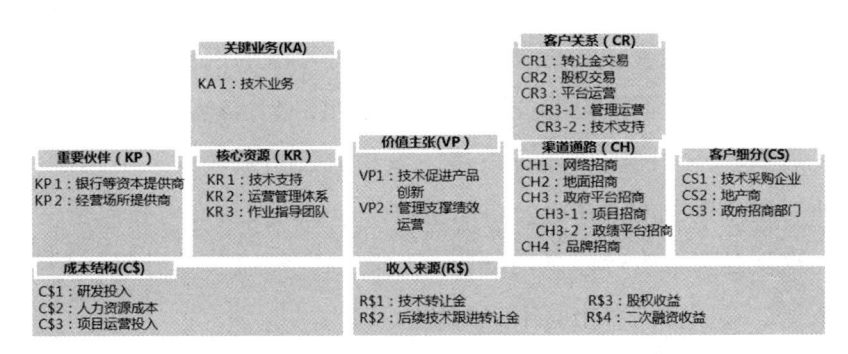

图5-3 技术孵化运营体的商业模式图

在这种机制下，我们公司先后投资运营了总投资4000万元的大豆卵磷脂二氧化碳超临界萃取工程、投资1000万元的市政豆腐工程、投资4亿元的5万吨核桃深加工项目等。后续经过内部的股权转让，均成了集团的重要业务单元。

研发向技术孵化运营体的升级需要注意的事项包括：

（1）技术孵化的技术具有专利性，同时又不能和母体企业形成直接的竞争。

（2）技术孵化公司不仅仅提供技术，而且需要包括融资、运营管理知识的投入。

三、生产体系内物流部门向物流公司的升级

同样是在笔者工作过的企业，由于公司的快速发展，为了将年产量超过15万吨的食品运往全国各地，集团公司收购了当地最大的一家物流公司，并且建立了自己的维修公司和加油站，共同组成了物流公司。

这个公司因为拥有超过5吨位的运输车辆150多辆，所以运输能力还是很强大的。在经营过程中，除满足集团公司的采购物流和销售物流的需求外，尚有能力剩余，所以对外按照市场价格进行营运。后因为集约管理的需要，集团公司将零散的内部物流也交由该物流公司承担。而双方的关系呢？则完全按照外部客户对待。

后随着公司的整体业务发展，该物流公司被转售，但集团公司的所有物流业务由该物流公司承包运营，公司按期支付物流费用。

这就是一个生产体系内物流部门向独立物流公司升级转型的典型案例。我们可以看出其中的关键点在于：

（1）物流公司除满足内部物流外，利用剩余的能力对外营业，可以获取更多的利润。

(2) 公司利用多家物流公司满足其物流需要，可以以市场来平衡物流费用支出。

同时，将物流部门进行公司化，公司内部可以减少管理费用成本。因为有车辆，所以需要管理；因为有管理，所以需要人员；因为有了人员，所以需要公司内的组织、管控、授权、流程等的管理内容，增加管理成本不如直接外包出去。

四、生产制造向制造加工厂的升级

生产制造属于公司直接管理，诚然可以进行技术保密、增强内部协调度，但对于许多产能过剩的制造公司来说，为强化生产制造的竞争力，或为强化市场的职能，经常采取的战略布局是从"销地产、产地销"向"联采分销、分采联销"过渡。

所谓"销地产、产地销"，即是在销售地建立生产基地和围绕生产基地建立销售网络相结合的产销协同战略布局。

这种布局的最大优势就是产销一体，能节省大量物流成本，可以有效夯实区域市场。但劣势也同样存在，如这种布局对管理人员能力要求高，可能因为综合管理人员缺乏所以管理水平上不去；再就是区域化的视野可能使集团化公司内部出现各自为战的现象，发挥不了集团效应。

所谓"联采分销、分采联销"，即指多区域供应销售和集中供应后的广泛分销相结合的采销战略布局。

此时的采购可以看作从生产向销售的内部关联交易。该模式的优势是能够发挥各地生产厂的优势，生产自己擅长的产品和发挥擅长的技术优势；产销分离也能够促进各自发挥所长等。但此类战略布局需要公司建立强大的内部信息平台进行支撑。

生产制造向制造加工厂的升级不仅仅可以促进加工环节的技术

改造，促进其参与市场的竞争，为自己企业的专业化经营过渡，更能够形成利润中心。而且其在内部经营需求之外，对外的代工作业更可以分摊日常的成本，增强盈利能力。如此循环，技术升级、产品升级、利润增加、内部效益提升、员工积极性提升，便可形成良性循环。

制造加工厂的盈利除代工收益外，尚可以通过原辅材料代购、代储费用以及废弃包装物出售、附加产品销售甚至物流协同等方面进行盈利。

五、销售物流向物流公司或物流产业园的升级

该模式等同于生产体系内物流部门向物流公司或物流产业园的升级，在此不再赘述。

六、零售向连锁运营体的升级

销售环节是企业商业模式的核心组成部分，面向资本市场，单一的销售环节很难形成独立的经营体。而许多企业在资本上市之前，更多走的是销售模式化路径。如小白羊在准备上市之前，将过去的加盟商进行资本回购，最终实现了资本上市路径。在PE市场上，大家所熟知的就是100家利润中心和10万家的会员客户，均能够等于1个亿的市值，所以考虑零售环节的连锁运营体不但能够促进区域营销公司成为网络化的利润中心，而且作为平台，也是资本上市的重要路径之一。

笔者5年前服务过一家销售高端大米的企业，其完成传统通路、现代通路的区域化运营公司改制之后，在已经具备了一定的品牌基础上，意图快速地通过资本上市来拓展市场。在考察了企业的资源整合能力之后，笔者给出了如下方案（见图5-4）：

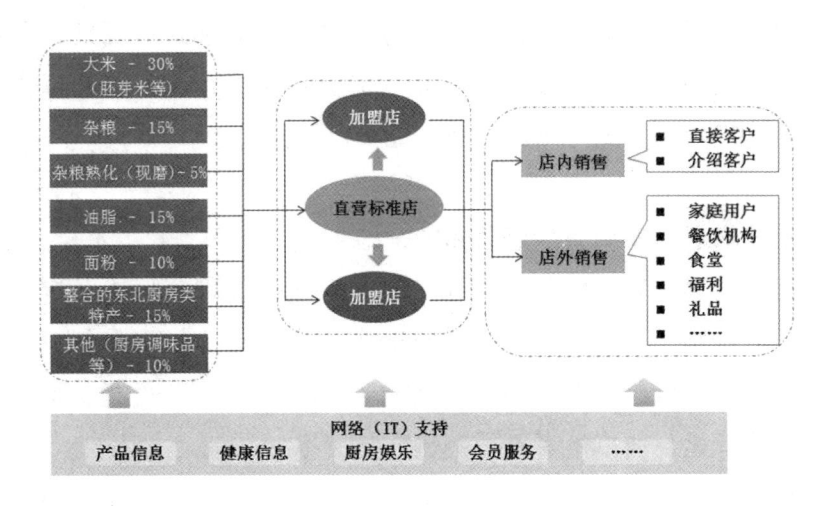

图 5－4　家庭厨房连锁运营体

（1）将品牌进行升级，从原先的大米品牌逐步过渡到厨房主食，后升级到厨房健康主食解决方案的提供商。

（2）产品整合除东北高端大米产品之外，还可以整合东北区域的厨房主食的优特产品。

（3）以连锁加盟的方式进行全国性市场的拓展。

（4）对加盟连锁店进行资本回购，后将连锁体系进行打包上市。目前该公司已经进入资本上市前的辅导期，成功上市在即。

零售向连锁运营体的升级，实现资本上市，必须满足如下几个条件：

（1）单一的零售体要成为规范化的利润中心。

（2）零售体系要有平台化的建设系统，如果是简单的自己企业产品的销售体系，则需要能够支撑平台化运营。

（3）整合社会资源，使之成为重要的合作伙伴。促进企业通过经营业主的加盟而达到连锁体系的快速扩张。

（4）单一经营体的利润保障体系要健全。

单一经营主体的利润能够有保障，这是商业模式运营的核心所在，不能实现盈利，即使快速扩张后能够资本上市，但仍会以失败告终。这点希望快速上市的企业家能重点关注。

七、售后服务向售后经营体的升级

对于从事区域化销售的公司来说，可能需要将售后服务进行实体化，如维修、保养之类的汽车行业等。当然目前如汽车行业已经形成的销售、维修、保养等一体化的4S店模式即属于此类，而这些形态比比皆是，所以笔者不再赘述。

从企业辅助价值链的角度来看，也可以将其中的职能部门升级为专业服务公司。如将公司的人力资源部门升级为人力资源服务公司、财务管理部门升级为财务管理公司、政策法规部门升级为政策法规的咨询公司、行政办公部门升级为行政办公服务公司、审计监察部门升级为审计监察公司，甚至财务管理部门中的金融服务职能分部门升级为金融服务公司等。

当然这些职能部门升级为相应的管理服务公司后，在满足企业需要的管理外，尚可对外进行专业性的营业，这样也就形成了利润中心。但如此升级要注意如下几点：

（1）提供服务的专业度要高。

（2）经营者要有开放的心态，面向相关的客户提供服务。

（3）对内进行客户化服务。

（4）职能部门升级为外部营运型公司后，公司内部仍然要保留相关的部门和职能人员进行专业服务的对接和落地实施，否则有可能使企业进行职能部门公司化运营后而导致企业运营失控或职能缺失。

第四节　商业模式整合的十二大步骤

前面三节，分别通过商业模式的延伸频谱指导企业在现有经营基础上通过上下游的延伸、管理集约化进行企业的密集性增长和产业链延伸；商业模式的三大整合路径指导企业通过前向、水平和后向的商业模式快速整合资源，以资本为纽带实现跨越式的增长；而商业模式的升级路径更是指导企业通过企业价值链中的职能部门进行公司化升级，实现多业务单元的扩张。

那么如何进行有效的整合呢？笔者根据经验，认为需要按照如下程式进行操作见图5-5。

1. 战略调研

战略调研是指对公司总体发展战略的调研，这往往是公司股东和经营管理者对公司未来发展思路的体现。

如企业未来想发展成什么样子？市场想做全国市场，还是区域市场？想进入什么样的渠道？还想开发哪些客户？准备用什么样的管理方式管理这些客户？资源战略如何？企业的各职能战略又如何？内部的管理机制如何匹配等？只有这些总体战略、竞争战略和职能战略全部清晰后，我们才能更好地解读企业发展路径。

2. 经营状况调研

企业发展战略意图明确后，我们必须对企业的各价值链环节进行经营现状的调研。内容包括：

现有的各经营数据如何？是否和战略目标保持一致？内部协同如何？是否紧密无间？哪些环节需要自身提升，哪些环节必须进行水平性整合？哪些环节已经具备商业模式延伸的能力，哪些环节的

```
开始
   ↓
1. 战略调研
   ↓
2. 经营状况调研
   ↓
3. 各经营实体商业模式优化
   ↓
4. 经营目标预测模拟
   ↓
5. 战略发展目标确定
   ↓
6. 商业模式整合
   ↓
7. 商业模式整合方案实施规则
   ↓
8. 组织架构全新优化设计
   ↓
9. 管理岗位人员匹配架构设计
   ↓
10. 商业模式运营绩效体系搭建
   ↓
11. 运营效能分析与评估模型建设
   ↓
12. 营运及优化
   ↓
结束
```

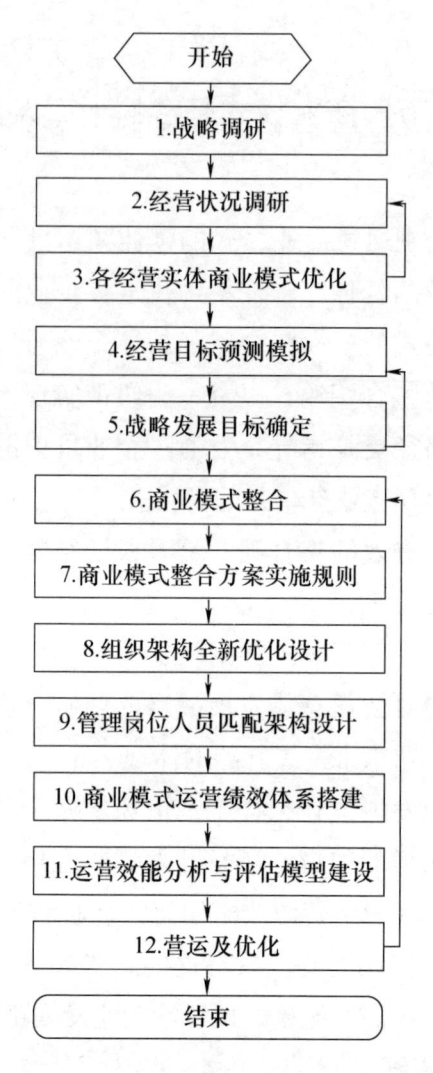

图 5-5　商业模式整合流程

经营已经具备了成为利润中心的能力，可以考虑升级商业模式进行营利性的拓展？每个环节的盈利能力现状如何？费用结构又如何？面向战略如何调整和如何进行战略控制，等等。

3. 各经营实体商业模式优化（枚举）

上述内容做完后，则要进行当下商业模式的优化设计，具体内容按照第三章进行；商业模式整合后，进行商业模式的完善设计，从而制定出完善的商业模式。如果是多商业模式运营，则分别进行制定（该部分内容工作量巨大，需要对标、盘整内部资源、描述完整的商业模式，可能需要与专业的咨询公司合作完成）。

4. 经营目标预测模拟

上述的商业模式优化后，我们就能看到企业发展的可选路径，在充分考虑这些后，我们用平衡计分卡的模式进行经营目标的预测模拟。可参考图5-6。

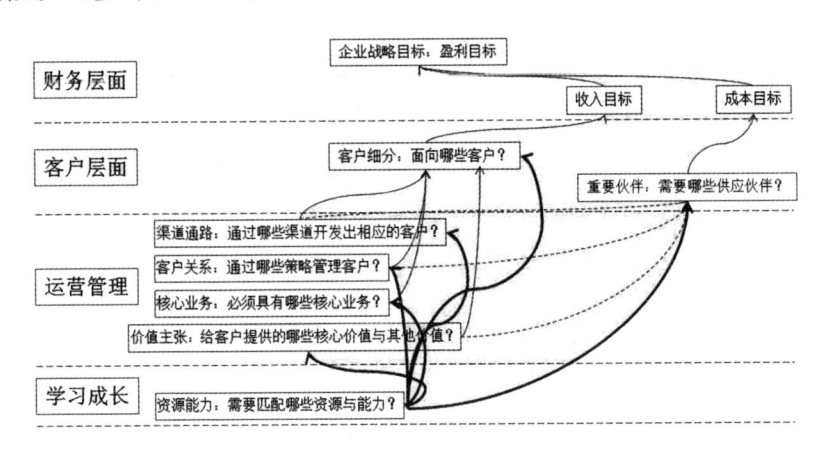

图5-6 商业模式与战略绩效管理的匹配图

上述内容匹配完成后，我们做如下预测表单（见表5-2）：

表5-2 经营目标预测模拟表

事项	近期			中期			远期		
	现状	路径	目标	现状	路径	目标	现状	路径	目标
盈利目标									

续表

事项	近期			中期			远期		
	现状	路径	目标	现状	路径	目标	现状	路径	目标
收入结构									
成本结构									
渠道通路									
客户关系									
核心业务									
价值主张									
资源能力									
可能风险									
预防措施									

商业模式与战略目标的模拟，需要持续地优化与改进，直至现状、路径、目标、风险与预防均能够达成一致，才能说明战略目标实现的路径明晰了。

5. 战略发展目标确定

上述内容模拟清晰后，我们将想要实现的结果进行概括，作为我们的战略发展目标。

战略目标的描述如表 5-3 所示：

表 5-3 战略目标表

事项	目标	现状	路径	风险	预防	时间节点	资源	能力	责任部门
盈利总目标									
收入结构									
成本结构									
渠道通路									
客户关系									

续表

事项	目标	现状	路径	风险	预防	时间节点	资源	能力	责任部门
核心业务									
价值主张									
资源能力									

注意：战略发展目标的确定必须满足 SMART 原则。

6. 商业模式整合

公司发展战略目标明确后，我们需要针对责任部门分解后的战略举措分别进行商业模式的创新设计、优化设计和完善设计。在完善设计后，按照时间节点进行资源的匹配、管理能力的组合和具体的实施。

7. 商业模式整合方案实施规划

在具体实施之前，我们仍然需要对商业模式的整合对象做进一步的实施规划。该规划的内容包括：

商业模式的整合对象在哪里？其经营现状调查如何进行？其需求价值是什么？如何打造自己的招商产品？洽谈策略是什么？需要匹配什么样的资源和能力？资本力量和管理力量均有哪些？如何去招商？如何达成商业模式整合目标？什么人负责？什么时间，等等。

8. 组织架构全新优化设计

上述内容进行后，为达成商业模式整合的目标，需要进行组织架构的优化设计。组织架构的优化设计包括商业模式升级组织架构调整、商业模式延伸组织架构设计和商业模式整合组织架构设计。

9. 管理岗位人员匹配架构设计

有了组织架构，为落地各项策略和商业模式整合，对关键的岗位人员必须进行人员类型的匹配，对其中的编制、岗位职能和职责进行详尽的描述。

10. 商业模式运营绩效体系搭建

商业模式的运营是推动企业变革的原动力，企业要快速发展，必须时刻进行商业模式的转型设计。这属于高智力、高劳动量的作业，所以在日常薪酬回报的考核中，正常的做法是给予特殊的补贴；或者安排专职人员进行专职考核。还有整体绩效体系的建设，需要对商业模式转型后的总体绩效进行考核。

11. 运营效能分析与评估模型建设

商业模式转型后，在运行过程中要强化运营效能分析与评估模型的搭建。分析与评估机制的主要功能是进行阶段性的评估与分析，并以此进行策略性的调整。如表5-4所示：

表5-4 运营效能分析与评估模型表

事项	目标	达成	差异	差异分析	补救措施	时间节点	责任人员	备注
盈利总目标								
收入结构								
成本结构								
渠道通路								
客户关系								
核心业务								
价值主张								
资源能力								

在上述表单中，差异分析一定要做好全面的评估，如对渠道通路的评估中（见图5-7），要逐步搭建起基本模块、控制模块、产品组合模块、成本模块、概览模块和弹性分析模块，最后和渠道的结构模块和收入模块相互结合起来。这样做的目的，不仅能够体现出差异性的根本所在，更是对实施计划的细化。其实在实施计划中

就应该做到这样的深度。

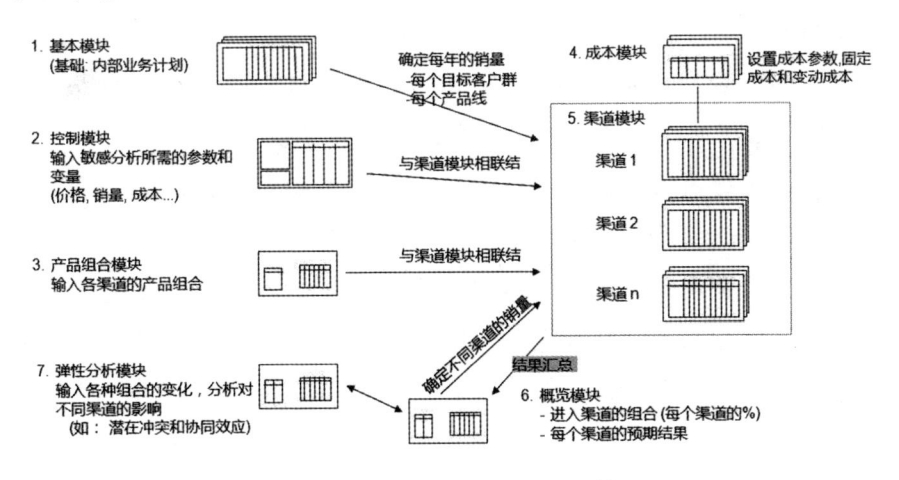

图 5-7 渠道通路的评估模型架构图

12. 运营及优化

在运营实施的过程中,按照 PDCA 的管理循环,持续地优化、持续地实施、持续地评估、再持续地优化,这就是商业模式推动企业发展的具体表现。

思考题:

1. 如果您的企业是多元化的规模性企业,现在能否利用商业模式的基本原理列举出所有的商业模式?

2. 在所有的商业模式中能否进行内部整合,从而使企业更加具有竞争力?该问题解决的前提是认可"企业不见得铺的摊子越大越好"的观点。

3. 您的企业是否具备进行价值链延伸而促进企业进行整合的基础?您打算如何进行外部商业模式的整合以支撑您的企业做大?

4. 您的企业是否具备内部价值链升级为利润中心的基础和能

力？如果是，又如何进行升级呢？升级后的商业模式能否支撑您的企业做强？

5. 您能否利用商业模式的概念进行企业所有的盈利点和成本点的列举？后据此进行商业模式的全面升级和整合？

6. 您是否有着让您的职业经理人全面了解商业模式的概念，并以此进行内部经营的持续改善呢？

7. 通过前述篇章的知识学习，您是否认识到现有经营过程中尚有许多的细致工作需要补充呢？是否已经懂得了以商业模式的基本概念进行工作指导呢？

第六章

商业模式管理——成就不难

第一节 商业模式管理组织设计

在上述的章节中,我们分别完成了创业型商业模式的创新设计、发展型商业模式的优化设计、成熟型商业模式的完善设计和规模型商业模式的整合设计,当然对于企业来说,按照上述的方法完成商业模式的创新设计,为获取高效运作的优化设计,为做强和获取高盈利的完善设计及为做大而进行的整合设计之后,商业模式的转型设计可以说就获得了一定的成果。而要想落实,必须优先考虑相关的实施管理,其中组织更是首要的保障。

那么需要什么样的组织保障呢?我们可以按照组织设计的基本原理进行对照设计。

根据组织架构的演变逻辑图(见图6-1),我们可以看出,不同模式的企业,其组织架构不同。

1. 聚焦区域单一模式化运作的企业

聚焦区域单一模式化运作的企业,根据组织建设的基本原理,我们只需要单一的商业模式管理组织。而该管理组织应该为直线式

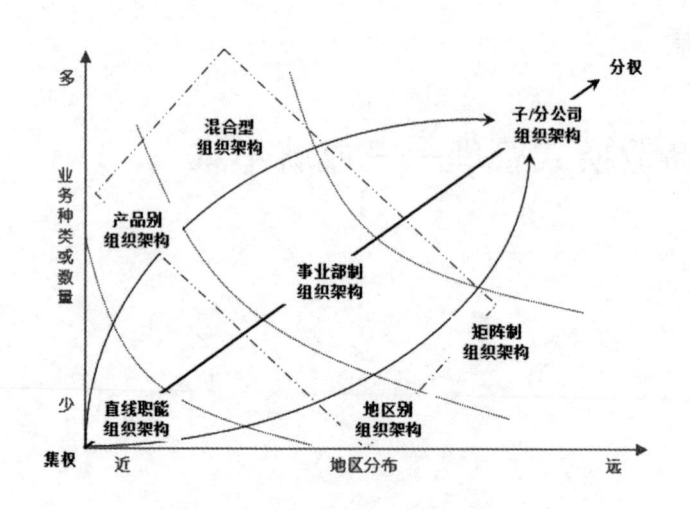

图 6-1 组织架构的演变逻辑图

的组织架构。因为单一商业模式运作的企业只有一个盈利点，其商业模式管理组织应该与企业的管理组织保持一致，这也称为"一把手"工程。其组织架构如图 6-2 所示：

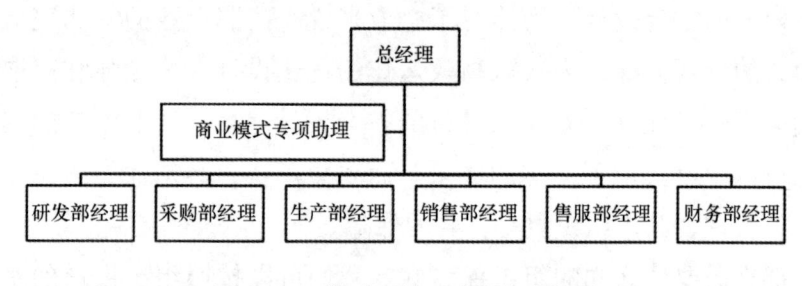

图 6-2 "一把手"工程组织架构图

该组织架构的组成为总经理（根据需要可以设立商业模式专项助理）和各部门负责人。其职责分别如下：

总经理（或商业模式专项助理）：负责商业模式转型设计的总体把控，主要负责资源与能力、价值主张等核心模块。

各部门经理：分别负责对应的重要供应伙伴、客户、渠道，以及负责其客户关系管理以及收入和成本结构的转型设计。

2. 单一商业模式跨区域运营的企业

由于各地区运营要素有一定的差异，又由于"销地产、产地销"的战略布局不同，其内部的产销运作模式又可能存在"联采分销、分采联销"的机制。总体的商业模式管理组织如图6-3所示：

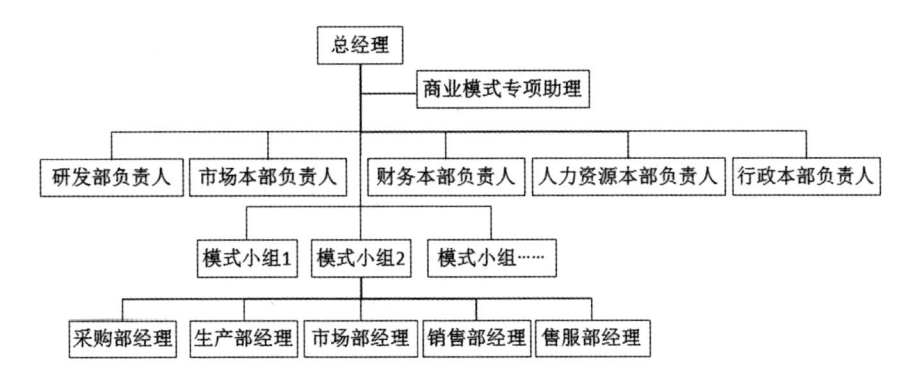

图6-3 单一商业模式跨区域运营组织架构

如果仅有"销地产、产地销"，则总经理（或其专项助理）主导分区域运作组织成立各个模式小组，进行商业模式的优化；总部必须具备的财务和人力资源管理部门的负责人主要从集团的角度进行相应的指导。

存在"联采分销、分采联销"机制的企业，总部管理职能强化，所以应该主要由集团总部进行商业模式的转型设计，而分部的组织则主要进行验证性参考，即各模式小组的职责主要为商业模式的落地和论证。

3. 多商业模式聚焦区域营运的企业

由于各商业模式的运营模式差异性较大，宜于按照商业模式划分模式小组。商业模式管理组织如图6-4所示：

此时由于商业模式的运营已经呈现出了多样性，公司在此时已

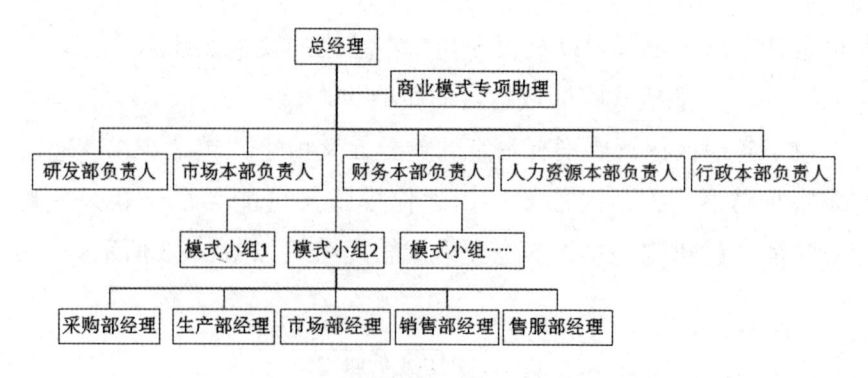

```
                    总经理
                      ├──── 商业模式专项助理
      ┌──────┬──────┼──────┬──────┐
    研发部  市场本部 财务本部 人力资源  行政本部
    负责人  负责人   负责人   本部负责人 负责人
            │
      ┌─────┼─────┐
    模式小组1 模式小组2 模式小组……
      │
  ┌───┬───┬───┬───┐
 采购部 生产部 市场部 销售部 售服部
 经理  经理  经理  经理  经理
```

图 6-4　多商业模式聚焦区域运营组织架构

经设立了战略管理部，此时的商业模式专项助理应由战略管理部负责人担任。

总经理（或其专项助理）主导分商业模式运作，组织成立各个模式小组，进行商业模式的优化；而总部必须具备的财务和人力资源管理部门的负责人，主要从集团的角度进行相应的指导，另外主要思考商业模式的整合设计。而各个商业模式小组主要从自身的商业模式思考转型设计事宜。

4. 多商业模式跨区域运营的企业

由于商业模式的多样性及运营区域多样化等原因，商业模式的创新、优化、完善和整合的运作情况也比较复杂，商业模式的管理组织也应该呈现矩阵式的管理架构。如图 6-5 所示：

集团层级部门的负责人除指导各下属企业进行商业模式的转型设计外，重点应放在商业模式的升级上面，总经理（商业模式专项助理，正常情况下由战略管理部负责人担任）进行总体的把控。

各个模式小组的构成可能由分采联销的销售主体负责人组建，也可能由联采分销的生产负责人组建，或者由联采联销的产销一体化负责人组建。组建后的模式小组组员构成根据具体管辖业务来进行。

<<< 第六章 商业模式管理——成就不难

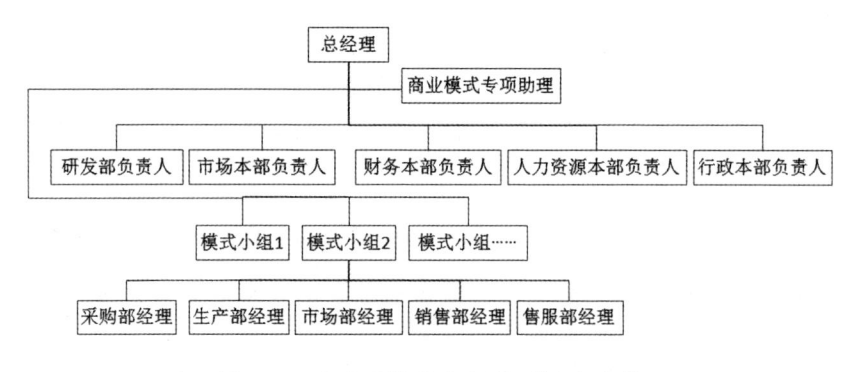

图6-5 多商业模式跨区域运营组织架构

由上述内容我们可以看出：

（1）商业模式是全体管理层人员的事情，企业要发展，从商业模式的角度应该是一把手负责、全员参与的事情，只有这样上下同力，能实现企业发展的真正驱动。

（2）商业模式转型小组的构成与企业管理组织的构建具有相关性，更加说明了企业管理者的重要意义。

第二节 商业模式管理制度建设

完成组织设计后，还需要有管理制度这一软件作为支撑。商业模式的管理制度主要包括三个部分：职能职责管理制度、创新管理制度和商业模式运作管理制度。因为商业模式运作管理制度主要在商业模式的启动、运作和优化管理中进行阐述，所以该节主要讲述职能职责管理制度和创新管理制度。

一、商业模式职能职责管理制度的搭建

根据笔者多年总结的经验，上述的商业模式组织架构进行搭建完善后，就需要匹配如下职能职责（见表6-1）：

表6-1 商业模式组织架构搭建后匹配的职能职责表

事项	总经理	专项助理	财务负责人	HR负责人	行政负责人	市场负责人	研发部负责人	供应链负责人	模式小组长	财务部经理	采购部经理	生产部经理	销售部经理
价值主张	★	★	☆	☆	☆	★	☆		★	☆			☆
客户细分	★	★							★				★
渠道通路	★	★							★				★
客户关系	★	★						★	★				
关键业务	★	★					★		★			☆	
重要伙伴	★	★						★	★				
资源能力	★		☆	★	☆	☆	☆		★	☆			
收入结构	★		★				☆		★	★			★
成本结构	★	★	★					☆	★		☆	★	☆

注：★代表主导；☆代表配合；空白代表参与。

对于多商业模式的运营或者单商业模式跨区域的运营，需要设立多个商业模式管理组织，同样按照上述策略进行职能职责匹配。

二、商业模式转型的创新管理制度建设

有了上述的组织架构设计和职能职责匹配后，商业模式转型的创新管理制度的建设需要从下面三个层次进行：

首先，界定创新的层级。

企业在运营的过程中，有的创新能够节约成本，有的能够提升盈利能力，而在提升盈利能力层面，又可以分为增加盈利点盈利和在原有基础上进行密集型盈利增加。基于商业模式的本质，只有能够增加盈利点的创新才能属于商业模式的创新。所以商业模式的创

新范围包括以下几方面。

全新价值主张的提炼：新的价值主张能够吸附更多的上下游客户，从本质上能够吸引更多的消费客户而增加盈利点或者减少成本点，如品牌延伸盈利。

客户细分的新发现：发现客户的新需求，从而增加盈利点，如客户系统解决方案为客户提供升级版的服务而增加盈利点。

渠道通路的创新：增加渠道通路、强化客户的吸引从而增加盈利，如在现代通路中增加 BCD 销售模式（BCD 销售模式即为现代终端内的品牌化终端销售，如店中专卖店等）而增加盈利点等。

客户关系的创新：对客户关系管理进行体系化创新并成为企业通用的管理战略，如娃哈哈的厂商联合分销体、区域联合运营公司体制等。

重要客户的创新：对供应商将原有的购销体制升级为股权合作的战略供应关系等，这对于现金流的解决贡献颇大。

关键业务的创新：全新产品的开发能够带来全新的商业模式体系运营。

资源能力的提升：特别是服务价值链上的每个职能部门，均能升级为独立的利润中心。

前面几个章节中的商业模式创新设计、优化设计、完善设计和整合设计中的商业模式转型内容，均属于商业模式级别的创新范畴。

其次，将商业模式创新纳入考核，给予大的激励。

在现代考核体系中，绩效考核一般分为财务考核、过程考核和组织考核。财务考核主要指收益和成本控制，过程考核主要指客户层面的考核、内部管理与流程体系的考核，组织考核主要指组织完整性、学习与成长方面的考核。

而对于企业家来说，实现内部管理的经理人制非常重要，就是即使企业是自己的全资公司，创办者也对自己进行薪酬体系的制定和考核，就是建立自己为自己打工的机制。

在这样的前提下，将商业模式的创新以及由此产生的收益进行独立的考核将成为企业发展的核心驱动。笔者在为几家实力型企业进行商业模式创新管理中提出占比20%的意见，取得了不错的激励效果。

如在财务层面的考核中，因为创新的商业模式获得收益超过了固有收益的20%，则附加给予该板块30%的奖励，在过程板块中的管理与流程管理地擦混更新经过论证达到商业模式层级，则给予附加20%的奖励；快速推广商业模式，而使相关人员熟悉并熟练应用，则在原有基础上进行10%的附加奖励。

这些内容都是在原有考核基础上的附加，统计下来，为考核的20%~30%。采取这样的加法考核，能大大激励全员管理层的积极性。

最后，周期性的论证会将是大家展现成果的最佳良机。

针对商业模式的月度会议将成为企业的创新大会，在会议中研讨商业模式的创新、应用跟踪等，是企业检验创新能力的最好路径。在会议中针对商业模式转型的确认，不仅仅能够激励全体管理层人员的创新，对创新的现场激励政策更能倡导和激发创新的热情，具体额度是几千还是几万就取决于企业家们的决策了。

第三节　商业模式启动管理

在商业模式的转型设计进行运营之前，以及转型商业模式进行项目启动时，需要采取评估、培训教育、项目启动的管理流程和机制。

首先，需要对企业正在运营的商业模式进行评估。

评估的目的和意义在于准确掌握企业商业模式的运营现状，准确评估企业现有资源对转型商业模式的导入接受度等。

该评估包括下面两个维度：

1. 现有商业模式的能动因素

（1）商业模式设计：企业是否能够清晰地描述商业模式的运营状况。

（2）执行状况：现有企业的执行者对商业模式的执行状况和原设计目标之间的差别。

（3）基础设施：支撑商业模式运转的信息及管理系统是否健全。

（4）衡量指标：商业模式的运转效率指标体系是否健全，能否清晰地描述商业模式运转效率。

现有商业模式的能动因素评估细则如表6-2所示：

表6-2 现代商业模式的能动因素评估细则表

评估细则	B—1	B—2	B—3	B—4
商业模式设计	只有决策者熟知商业模式设计，能够清晰描述商业模式运营路线图	高层管理者均能熟知商业模式设计，能够清晰描述商业模式运营路线图	中层管理者均能熟知商业模式设计，能够清晰描述商业模式运营路线图	基层执行者均能熟知商业模式设计，能够清晰描述商业模式运营路线图
执行状况	只有决策者能够有效甄别差异	高层管理者均能够有效甄别差异	中层管理者均能够有效甄别差异	基层执行者均能够有效甄别差异

续表

评估细则	B—1	B—2	B—3	B—4
基础设施	信息系统和管理系统基本没有	信息系统和管理系统缺失明显	信息系统和管理系统基本健全	所有的信息系统和管理系统健全
衡量指标	缺乏明确的衡量指标，考核不严谨	衡量指标不健全，作业方向不明确	关键指标明确，具有激励性，考核严谨	各项衡量指标明确，具有激励性，考核严谨

评估准则：如果上述的各项评估有一项不能在 B—4 层级，则为 B—3 层级；评估后以最低层级为准。

如果在评估后发现现有的商业模式执行层全部在 B—4 层级的水平，则恭喜您，说明企业现有的商业模式在被良性运营，我们可以考虑进行转型的设计和启动应用；

如果处于 B—3 层级，我们则需要先进行现有商业模式执行过程中的信息和管理系统的细化、梳理及落地实施的培训教育，待提升到第四层级后再进行商业模式的转型设计；

如果处于 B—2 层级，我们则需要先对所有的中高级管理人员进行商业模式的基本理论的培训，然后帮助企业进行商业模式运营体系和管理信息系统的建设，再根据其提升状况进行商业模式的转型设计。

如果处于 B—1 层级，则是非常悲哀的，那说明我们原有的运营体系可能连商业模式也说不上，则我们的企业需要从商业模式再造的程度进行全面的全新设计，再进行商业模式的优化设计，最后进行运营管理系统的搭建和落地实施。

2. 企业对商业模式的管理能力评估

（1）领导能力：支持商业模式转型设计的高管素养如何，是否明了商业模式的转型设计技能或思考方法。

（2）文化：全员是否具有商业模式转型设计的意愿和正确的价值观。

（3）专业技能：企业是否具有商业模式转型设计的专业技能和知识。

（4）公司治理：公司是否具有进行商业模式转型的运作管理机制。

现有商业模式的管理能力评估细则表如表6-3所示：

表6-3 现有商业模式的管理能力评估细则表

评估细则	E—1	E—2	E—3	E—4
领导能力	只有决策者熟知商业模式的基本原理、转型设计的技能和知识	高层管理者均能熟知商业模式基本原理、转型设计的技能和知识	中层管理者均能熟知商业模式基本原理、转型设计的技能和知识	基层执行者均能熟知商业模式基本原理、转型设计的技能和知识
文化	只有决策者具备商业模式转型设计的意愿和正确的价值观	高层管理者均具备商业模式转型设计的意愿和正确的价值观	中层管理者均具备商业模式转型设计的意愿和正确的价值观	基层执行者均具备商业模式转型设计的意愿和正确的价值观
专业技能	只有决策者具备商业模式转型设计的专业技能和知识	高层管理者均具备商业模式转型设计的专业技能和知识	中层管理者均具备商业模式转型设计的专业技能和知识	基层执行者均具备商业模式转型设计的专业技能和知识

续表

评估细则	E—1	E—2	E—3	E—4
公司治理	只有决策者清晰商业模式运作的管理机制	高层管理者均清晰商业模式运作的管理机制	中层管理者均清晰商业模式运作的管理机制	基层执行者均清晰商业模式运作的管理机制

评估准则：进行评估后，以最低的评估代表企业对商业模式的管理能力水平。

如果处于E—4层级，则企业可以高效地进行商业模式的转型设计和其应用。

如果处于E—3层级，则需要对商业模式的导入及相关的工作细则进行强化培训。

如果处于E—2层级，则需要对商业模式的转型设计知识和技能进行培训。

如果处于E—1层级，则需要对商业模式的所有知识均进行强化培训，直至大家均通过考核。

其次，制定可行的启动策略。

可行的启动策略是在准确评估基础之上进行制定的，根据笔者对商业模式导入和企业变革管理的多年经验，提炼启动策略如下（见表6-4）：

表6-4 笔者提炼的启动策略

层级	B—1	B—2	B—3	B—4
E—1	对决策者进行商业模式基本原理的培训	对高层管理者进行商业模式基础原理的培训	对中层管理者进行商业模式基础理论的培训，强化执行文化	优化商业模式，进行基础设施的建设

续表

层级	B—1	B—2	B—3	B—4
E—2	对高层管理者进行商业模式优化技能的培训	优化商业模式，健全公司治理，强化价值观	优化商业模式，优化基础设施，完善公司治理	完善商业模式，进行基础设施的建设
E—3	对高层管理者进行商业模式完善设计的技能培训和知识培训，强化执行能力的培训	优化商业模式，提升商业模式的能动因素；提升商业模式的管理能力	提升商业模式能动因素；提升商业模式管理能力	提升商业模式管理能力
E—4	在商业模式再造的基础上，进行全体员工的知识和技能培训	商业模式优化设计，完善执行文化	提升商业模式能动因素	转型商业模式在治理明确和基础设施健全的前提下进行宣传、贯彻、执行

最后，进行导入实施。

当然上述的导入策略不见得适用于所有的企业，这需要企业家根据企业的实际状况对现运营商业模式的能动因素和商业模式的管理能力进行精准的评估，针对其中的弱项分别进行培训后，方可进行转型商业模式的全面导入。

商业模式的导入分别包括知识培训、技能培训、执行培训和理念价值观的培训，而针对的人员分别为企业的高层管理者、中层管理者和基层执行者。

为达到快速导入的工作目标，培训的匹配策略见表6-5：

表6-5 培训的匹配策略

培训对象	知识培训	技能培训	执行培训	理念价值培训
高层管理者	★	☆	☆	★
中层管理者	☆	★	☆	★
基层执行者	☆	☆	★	★

注：★代表必须达标；☆代表培训参加，尽力达标。

据表6-5可知，培训内容分为以下几方面：

知识培训：包括商业模式的基本原理、商业模式创新设计原理、商业模式优化设计原理、商业模式完善设计原理、商业模式管理理论等。

技能培训：包括商业模式转型设计技能、商业模式能动因素评估技能、商业模式企业管理技能提升等。

执行培训：包括执行团队组建、绩效管理、流程优化、管理与执行工具设计与管理、沟通技能等。

价值理念培训：包括心态修炼、素养修炼、学习方法论、企业文化等。

培训方式采取内训和外训相互结合的方式进行。因为内训和外训分别具有不同的优劣势，具体分别如表6-6所示：

表6-6 内训与外训的优劣势

	优势	劣势
外训	专业理论知识深厚，对知识、工具打造等比较专业	企业内部运营不如企业经理人熟悉，对内部人文不熟悉
内训	内部运营环境的熟悉，更加具有针对性	许多管理类的内容讲授不方便，需要借助外力

基于此，对于知识类和技能类，以及价值理念中的心态修炼、

素养修炼和学习方法论内容选择外训较为科学；而执行培训和企业文化进行内训比较合理。

商业模式导入计划的制订：

上述商业模式的能动因素和管理能力的评估是导入策略制定的基础，而导入策略又是导入内容制定的纲领，在这些确定后，我们首先要明白完整的商业模式转型导入应该包括如下内容。

（1）商业模式的转型设计：可参考九大要素的具体描述。

（2）发展规划：包括商业模式目标规划、实施路径规划、业务单元战略规划、管理职能战略规划等。

（3）商业模式执行细则：包括价值主张和整合传播规划、整合传播操作细则、客户开发工作细则、客户关系管理体系操作细则、渠道拓展操作细则、供应客户管理操作细则等。

（4）相关资源和能力保障：组织架构、职能和职责描述、管控责权明细表、岗位编制配置、作业流程、绩效管理体系（包括薪酬、KPI 和绩效考核）、作业工具、核心人员匹配等。

（5）相关商业模式运作的管理规定，如奖罚管理规定等。

（6）除这些内容外，还包括上述的知识、技能、执行力和理念价值观方面软性的支持系统。

上述内容齐全后，可以按照表 6-7 进行计划的制订和执行：

表 6-7 商业模式导入计划表

序号	项目	细则	导入方式	导入对象	相关要求	达成目标	责任人	奖罚	备注
1									
2									
……									

第四节　商业模式运作管理

商业模式转型设计后的运作管理是企业变革管理的重要组成部分，而对于创新商业模式的设计和运作管理更是全新的体系搭建部分。由于商业模式的创新设计与优化设计、完善设计和整合设计有着本质的区别，所以在此对其运作管理分开来进行叙述。

诚如上节所说，完整的商业模式不仅仅指商业模式的描述，还包括其后台的完整性设计。

但大多创新商业模式的实施还受到资金、经营场所等问题的困扰，而这些问题的解决需要先进行商业计划。所以商业计划的管理是创新商业模式区别于其他商业模式类型的最重要地方。

另外就是其他商业模式均是在原有基础上的优化，所以对人力资源的招募和培训等均具有一定的基础。所以对创新商业模式的管理主要从商业计划的管理和人力资源的管理方面进行阐述，而其余部分等同于其他商业模式的管理。

一、商业计划管理

根据本书第二章内容，创新商业模式是商业计划书的核心组成部分，那如何进行商业计划书的管理和应用呢？

首先，我们要学会商业计划书的编制。

笔者15年前操作过一个案例，投资达18亿元的30万吨玉米深加工项目和投资3亿元的5万吨核桃深加工项目，曾经指导众多的企业进行商业计划书的编制，一份成功的商业计划书必须包括如下几个部分：

1. 商业计划书摘要

商业计划书摘要是风险投资者首先要看到的内容，它浓缩商业计划书之精华，反映商业之全貌，是全部计划书的核心之所在。它必须让风险投资者有兴趣并渴望得到更多的信息。篇幅一般控制在两千字左右。主要包括以下几项内容：

①公司概述。

②研究与开发。

③产品或服务。

④管理团队和管理组织情况。

⑤行业及市场。

⑥营销策略。

⑦融资说明。

⑧财务计划与分析。

⑨风险因素。

⑩退出机制。

2. 公司概述

介绍公司过去的发展历史、现在的情况以及未来的规划。具体而言，主要有：

①公司简介，包括公司名称、地址、联系方法等。

②公司的自然业务情况。

③公司的发展历史。

④对公司未来发展的预测。

⑤本公司与众不同的竞争优势或者独特性。

⑥公司的纳税情况等。

公司概述的主要目的是让投资者相信公司的实力及经营能力。

3. 公司的研究与开发

介绍投入研究开发的人员和资金计划及所要实现的目标，主要包括：

研究资金投入、研发人员情况、研发设备、研发的产品的技术先进性及发展趋势，或者是商业模式的研究，但需要描述行业对标中的先进性。在此，对商业模式研究的描述是概括下面几条的总逻辑，一定要进行清晰化的描述。

4. 产品或服务

创业者必须将自己的产品或服务创意向风险投资者做一介绍。主要有下列内容：

产品的名称、特征及性能用途，产品的开发过程，产品处于生命周期的哪一阶段，产品的市场前景和竞争力如何，产品的技术改进和更新换代计划及成本等。

5. 管理团队

在风险投资商考察企业时，"人"是非常重要的因素。从某种意义上讲，风险创业者的创业能否成功，最终要取决于该企业是否拥有一个强有力的管理团队，这一点特别重要，所以需要全面介绍公司管理团队情况，公司的管理机构主要包括：主要股东、董事、关键的雇员、薪金、股票期权、劳工协议、奖惩制度及各部门的构成等。同时，还要展示公司管理团队的战斗力和独特性及与众不同的凝聚力和团结战斗精神。

6. 市场与竞争分析

（1）目标市场。主要对产品的销售金额、增长率和产品或服务的总需求等，做出有充分依据的判断。目标市场是企业的"经营之箭"将产品送达的目的地，而市场细分是对企业的定位，你应该细分你的各个目标市场，并且讨论你到底想从他们那里取得多少销售总量收入、市场份额和利润。同时估计你的产品真正具有的潜力。风险投资家是不会因一个简单的数字就相信你们的计划的，你必须对可能影响需求和市场、策略的因素做进一步分析，以使潜在的投资者能够判断你公司目标的合理性，以及他们将相应承担的风险，一定要表述你是如何得出你的结论的。

（2）竞争分析。要回答如下问题：

①你的主要竞争对手？

②你的竞争对手所占的市场份额和市场策略？

③可能出现什么样的新发展？

④你的策略是什么？

⑤在竞争中你的发展、市场和地理位置的优势所在？

⑥你能否承受竞争所带来的压力？

⑦产品的价格、性能、质量在市场竞争中所具备的优势？

（3）市场营销。这是风险投资家十分关心的问题，你的市场营销策略应该说明以下问题：

①营销机构和营销队伍。

②营销渠道的选择和营销网络的建设。

③广告策略和促销策略。

④价格策略。

⑤市场渗透与开拓计划。

⑥市场营销中意外情况的应急对策。

7. 生产经营计划

生产经营计划主要阐述创业者的新产品的生产制造及经营过程。这一部分非常重要，风险投资者要从这一部分了解生产产品的原料如何采购，供应商的有关情况，劳动力和雇员的情况，生产资金的安排以及厂房、土地等。这部分内容要详细，细节要明确，这是以后投资谈判中对投资项目进行估值时的重要依据，也是风险创业者所占股权的一个重要组成部分。

生产经营计划主要包括以下内容：

①新产品的生产经营计划。

②公司现有的生产技术能力。

③品质控制和质量改进能力。

④现有的生产设备或者将要购置的生产设备。

⑤现有的生产工艺流程。

⑥生产产品的经济分析及生产过程。

8. 财务分析和融资要求

财务分析资料是一个需要花费相当多时间和精力来编写的部分。风险投资者期望从你的财务分析部分来得知你未来经营的财务损益状况，进而判断能否确保自己的投资获得预期的理想回报。财务分析和融资要求包括以下三方面内容：

（1）过去三年的历史数据，今后三年的发展预测，主要提供过去三年现金流量表、资产负债表、损益表，以及年度的财务总结报告书。

（2）投资计划：

①预计的风险投资数额。

②风险企业未来的筹资资本结构如何安排。

③获取风险投资的抵押、担保条件。

④投资收益和再投资的安排。

⑤风险投资者投资后双方股权的比例安排。

⑥投资资金的收支安排及财务报告编制。

⑦投资者介入公司经营管理的程度。

（3）融资需求。

资金需求计划：为实现公司发展计划所需要的资金额、资金需求的时间性、资金用途（详细说明资金用途，并列表说明）。

融资方案：公司所希望的投资人及所占股份的说明，资金其他来源，如银行贷款等。

9. 风险因素

详细说明项目实施过程中可能遇到的风险，技术风险，市场风险，管理风险，财务风险，其他不可预见的风险等，并提出有效的风险控制和防范手段。

10. 投资者退出方式

（1）股票上市：依照商业计划的分析，对公司上市的可能性做出分析，对上市的前提条件做出说明。

（2）股权转让：投资商可以通过股权转让的方式收回投资。

（3）股权回购：依照商业计划的分析，公司应就股权回购计划向投资者说明。

（4）利润分红：投资商可以通过公司利润分红达到收回投资的目的，按照本商业计划的分析，公司应就股权利润分红计划向投资者说明。

其次，是资金、经营场所、核心团队人员组建到位的问题。这是一个复杂的过程，相信更多的企业家在进行商业计划书编制之前已经有了较为全面的思考。在此不再赘述。

二、人力资源管理

人力资源管理是创新商业模式管理的前提和基础，因为该部分不是本书的关键内容，在此笔者仅提供几项核心内容，供读者参考。

1. 关键岗位人员一定要匹配到位

现在最常用的方式是采取股权和期权的方式进行。股权有资本入股和管理或科技入股的方式，但这需要保证自己的绝对控股问题，正常保持在51%以上，但为后续的资本上市或募集更加优秀的股东计，考虑到可能的股权稀释，最好保持在80%以上。而对于期权，则是激励其努力工作，在企业发展到一定程度，可以进行股权的兑换。当然在经营的过程中为快速形成利润，可以允诺一定的分红权。

2. 相关岗位人员采取"板凳式"人才储备计划

因为在企业创办初期，许多人员的磨合需要更长的时间，大浪淘沙是非常必要的，为此采取"板凳式"的人才储备计划不至让企业因为岗位人员的缺乏而致使运营停止。

3. 人员薪酬宜先高后低，但需要理念的深度沟通

由于在初期的时候，经营不见得马上有利润，或者市场拓展有待时间检验，所以高底薪保障是破除员工心理障碍的有力工具。但需要根据时间的推延和工作的进展，向所有人员阐述明白未来的薪酬体系改革路径，不要因为这些沟通的不及时畅通而导致后续劳工关系紧张。

三、商业模式导入管理

任何商业模式转型的导入，都会给现有的团队以一定的影响，或影响其收入，或影响其工作内容，或者是导致某些岗位工作量的发生变化，或者是因为新的工作环境变化等改变其工作习惯而导致人员的反对。对于此，我们需要进行如下三个方面的导入工作：

1. 让全员明确商业模式转型设计的导入给大家带来的价值

说明商业模式转型设计是企业、组织和个人能力成长，并获取收益的最佳保障。

（1）变革管理经验。转型项目表面上改变的是模式、组织、流程，但根本上改变的是人员的文化、价值观、理念和技能。我们通

过专业的变革管理降低情绪、政治等方面的负面影响，促使转型得到大家的拥护。

（2）项目群管理经验。转型是体系化的管理整合与变革，覆盖面、影响面广泛，可能需要同步或前后启动数个项目以达到转型目的，对企业的项目管理能力以及项目间的协同能力要求较高，我们需要为客户提供专业的项目群管理服务。

（3）组织能力提升。由于转型方案需要打破业务部门、职能、地域和文化界限，所以我们需要创新管理执行方式对组织能力进行提升，并在转型管理过程中对转型方案（如岗位、权责、绩效等）进行必要的优化和调整。

（4）个人能力提升。转型对员工的个人能力会提出挑战，我们通过转型管理过程中的培训、知识转移、研讨、角色模拟、高管教练等方式帮助企业提升员工的思想理念和专业技能，确保转型方案得到有效的执行。

2. 从内容和形式上给员工耳目一新的印象，让大家看到未来的希望

在内容上，不但要让员工明白商业模式转型后的竞争性会给企业带来更多的希望，而且是要在基本的原理上进行"晓事明理"，即让大家明白其中的事理。

在形式上，让大家提升能力的最佳实践是让大家掌握技能。如商业模式转型设计的原理教育、组织架构的设计、流程优化的现场模拟等，甚至包括各项工具的演示、表单的制定、流程VISIO工具的应用等。

3. 做好员工的情绪管理和政治管理，发动员工积极参与

员工面对变化可能会产生快乐、悲伤、信任、厌恶、恐惧、愤怒、预期、惊喜等情绪变化。那采取什么措施来应对呢？根据笔者

多年的项目运作经验,我们可以采取如下措施:

采取员工培训和沟通会议、路演、庆祝活动/里程碑纪念活动、激励培训等方式,这样可以让员工在工作中感受到更多的乐趣,对已实现结果的确定性及对新事物的积极性即时地向大家传达,以促进员工快乐接受新鲜事物。

通过总裁函件向大家发起号召,高级管理人员介绍心得,建立学习模型向大家传授方案技巧、管理技巧等,创造出开放和接纳新事物的氛围,释放活力,使新系统优势和遗留难题透明化,发动员工从厌恶转向信任。

将实施过程中的信息面向员工进行透明的沟通、开展高级管理人员与基层员工对话机制,组建项目小组进行技能练习以及行动学习,创造一个将负面情绪转变为积极情绪的氛围,并激发出员工的和谐情绪,使所有的员工都感到公平与正义。

信息公平和透明,创造一个平台,公开透明地向员工公布转型方案的具体内容、执行进度所遇到的问题和带来的改变等,让员工感觉转型项目进展确实能够给员工带来价值,带来希望,给大家以惊喜。

然而上面的内容仍然是"面子工程",部分员工仍然会在利益分配中受到威胁,如薪酬体系的变革可能会让部分人员的收入降低、组织的变革会让部分人员的职位发生转岗或降级,可能使部分人员感觉自己受尊敬的程度和安全感降低了等。这些都可以说是政治方面的影响。那么又如何进行改变呢?笔者通常采取如下"五步管理法"进行处理:

第一步:了解利益。

基于利益相关者分析和利益相关者管理,在项目进行之时,需要决策层即时掌握转型变革可能给哪些人带来利益,又可能给哪些人带来负面影响，影响程度如何？

第二步：做出决策。

基于一个明确的 RACI（角色扮演矩阵），让利益相关者参与部分决策的制定，并促进其进行积极发言和表态，让其从大局及企业发展需要出发进行决策的参与和制定，以此让其明了企业的发展不能因为部分人而受到阻碍。

第三步：固化决策。

将上述的内容以会议记录的方式进行确认，并给予其积极的决策参与以一定的激励机制（如出现被采用的有效异议），如其发生了与决策背道而驰的现象，则要有对应的制裁机制。

第四步：推出决策。

全面推出决策，在推出的过程中一定要本着公平合理的心态进行，绝对要避免部分人员借助变革进行打击报复等行为，特别是对那些在转型变革的过程中利益受到损害或者威胁的人，应避免其感情被"冷落"。当然，对于确实不能适应企业变革的人员，最好的办法是进行转岗后再辞退，这样做是为了在后续的变革管理中让大家看到公司的"人性"和"仁慈"。

第五步：管理成果。

项目管理办公室（PMO），对利益及决策进行跟踪了解，进行不断的优化。

为让大家更好地明了上述内容，笔者就之前操作的一个实例做一个说明：

某年，笔者所在的咨询机构接到一单业务，客户是一家国营性质的多元化企业，其业务内容涵盖农药、化肥、种业、原粮收购、加工、贸易和多渠道销售等，独立的业务单元（以独立财务管理计）有47个，销售额过千亿元，可以说关系错综复杂。

初期项目预定4个月出成果，6个月进行落地帮扶。咨询服务范围包括商业模式整合、战略规划、管控、流程再造、营销与品牌升级等。由于大家按照常规做法先诊断，后出报告成果，再后进行落地帮扶。在进行到三个月后，诊断仍然没有全部完成，调研才刚刚进行完毕。咨询机构看不到希望，纷纷要求中止合作，项目进展遇到了危机。客户企业决策层表示咨询没有价值，要求撤走所有的咨询人员。

在此情况下，笔者临危受命，与客户决策层进行了项目沟通，双方达成一致意见，后续在笔者的带领下，逐步完成了如下作业内容：

第一周，笔者对前期所有的调研内容做了大概的了解，和部分人员进行了再次的交流，给相关的经营单位发放了调研表单。同时对项目组进行了优化，将人员从16人优化到了6人，将其中无工作方法和沟通技能低下者进行了淘汰。

第二周，笔者首先对客户中高层干部进行了两天两夜的商业模式转型设计的理论培训，对商业模式的基本原理、转型设计的技能掌握等均进行了沙盘演练式的培训，让大家明白了商业模式的基本原理，及其对整体企业管理的重要性。

在培训的过程中，笔者要求大家现场对目前的商业模式进行描述，将其中的成功点、失败点、威胁点和机会点等进行详尽的描述，同时将竞争对手的商业模式进行描绘。在两天两夜的培训会后，大家均了解了商业模式的转型设计原理，并掌握了一定的技能。此时大家感觉到学习到了新的工作技能，开拓了知识面，所以对咨询有了一定的接受程度。

在该周中，笔者与出现疑问的经营单元的负责人进行了多次的深度沟通，从而促进所有的经营单元完成了商业模式的转型设计。

第三周，笔者通过商业模式的基本原理实践所需要的客户结构、职责职能架构、流程架构、组织架构、管控架构、战略组成架构等又进行了三天两夜的培训。此时大家全面了解了咨询作业的内涵所在。而在此时，项目组也将原有的调研结果按照"以战略为引领，商业模式为落地主线、其余作为支撑单元"进行了资料的再次梳理和整合。

第四周，笔者对所有的商业模式完成了一对一的再次修正，并根据领导层战略意图，结合全面行业信息的整理等给出了《战略规划报告》的成果，在报告会上，报告得到了大家的支持。由此大家感觉到了咨询带来的成果。在报告会的后一阶段，笔者提议后续对于作业参与者的奖励政策，如完善一套商业模式，给予集体5000元的奖励；参与制定一份流程优化和流程说明，给予50元的奖励；参与一组组织架构的制定，给予200元的奖励；提供一条好的建议，给予50元的奖励等。这样充分调动了全员的积极性。

第五周到第八周，笔者对商业模式的优化进行了全面的巡回式沟通，在得到各商业模式描述的同时，采取培训和研讨的方式对战略落地、商业模式优化所需要的组织架构、职能和职责、流程、人力资源现状等描述的同时，对这些内容的优化、转型实施需要注意的事项等均有了一定的了解和深度思考，甚至对模式优化也有了方案。

第九周到第十周，笔者就集团到各经营单元的组织架构优化方案、管控优化方案、职能职责优化方案、流程体系优化方案、人力资源优化方案、供应链管理优化方案、市场与品牌升级方案等分别进行连续式的研讨、论证、修改和定案；同时帮助企业完成了对确认成果后的奖励兑现。当然在其间，得到了企业高管的强力支持，那就是"全员，只可能加薪，不会降薪，直到退休"的承诺，这给所有员工的情绪确实带来了正向激励的效果,而有了奖励兑现,大家感觉到了改革给大家带来的工作乐趣,更是助力项目成功的重大因素。

第十一周到第十二周,笔者带领的项目组完成了所有方案的最后优化,并形成了执行细则、管理制度,帮助企业起草了相关的管理文件。

到此,笔者用了三个月的时间,在将人员从 16 人缩减为 6 人的情况下,顺利完成了所有的咨询项目,同时还教会了客户相关人员的知识、技能、技巧等。

第五节 商业模式优化管理

商业模式的井需要深挖不辍,那其应用呢?也应该持续不辍。即企业要维持健康、高效、有序、和谐的发展,需要通过商业模式的转型设计、应用进行持续性、阶段性的螺旋式的管理。商业模式的优化管理主要包括以下几个方面:

1. 定期评估

正常情况下采取月度效益评估和季度商业模式评估的方式进行。

月度的效益评估包括对财务报表的评估、月度各商业模式运营情况的评估等内容。在进行评估后正常制定如下的柱形图以评估商业模式的运营质量(见图 6-6)。

同样将费用、客户拓展、人力资源状况进行对比即可发现商业模式运作的现状。

季度评估是指将商业模式的各项要素的进展状况和预期进行对比,找出其中的差异点(见表 6-8)。

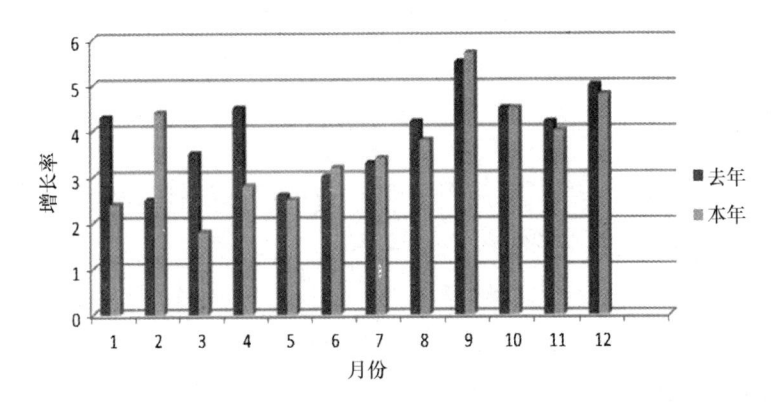

图 6-6 效益对比图

表 6-8 商业模式各要素的定期评估

商业模式要素	预期目标	现状	差异点	补救策略	实施计划
价值主张					
客户细分					
渠道通路					
客户管理					
重要伙伴					
关键业务					
资源能力					
能动因素					
管理能力					

2. 定期优化

一般而言按季度进行评估，对商业模式进行全新的评估后做优化。并将实施计划制订后落实到相关人员，将之作为考核指标监控实施结果。

3. 果断退出

在商业模式已经到了投入产出难以达成预期的情况下，则可以考虑商业模式的退出。

思考题:

1. 商业模式管理小组的构成和职能是什么?针对您的企业,您应该建立什么样的商业模式管理组织?

2. 您企业的商业模式成熟度如何?准备如何提升?

3. 您企业商业模式的优化、创新和整合等,从哪里获得借鉴和参考?

4. 您如何理解商业模式变革和企业管理变革的关系?

5. 您认为商业模式变革是否会触及部分人员的利益?准备如何破解?

第七章

实战出真知——借鉴不难

为帮助读者加深对商业模式概念、创新、优化和完善的了解，以及相关知识和技能的把握，在笔者对实操案例进行再次解读之前，我们需要对前述章节所提出的内容进行再次的回顾。

前述章节的内容总结：

第一章的商业模式概念理解中，阐述了商业模式转型设计必须关注的三个组成部分、六项竞争思维、九大构成要素和四大特点。

三个组成部分：价值主张、企业资源和能力、盈利能力。

六项竞争思维：创造市场与顾客的价值；区隔市场掌握客户需求；构建价值链；掌握核心能力；设计利润目标的成本与收入结构；构建价值网络的竞合关系；形成与维持竞争优势。

九大构成要素：客户细分、渠道通路、客户关系、价值主张、关键业务、供应伙伴、资源能力、收益结构和成本结构。

四大特点：注重产品市场、资本市场上有吸引力、充分借助网络和IT的力量、对产业链的控制权。

第二章以粮食物流产业园作为案例，对商业模式构成的九大要素如何创新设计进行阐述。

从政治、经济、文化、科技四大宏观要素，面向产品与技术市场、客户市场、资本市场和供应商市场，从长期、短期、财务效益和社会效益四个维度，利用核心、重要、延伸三段论方法进行价值主张的提炼，并使价值主张具有竞争性。

根据价值主张面向对象进行枚举得出客户细分。

根据客户的信息接收通路设计、客户信息接触点设计及招商客户的筛选三阶段方法进行渠道通路的建设。

对客户关系管理，首先进行了紧密、半紧密、松散与战略性、一般性、替代性九宫方格的策略定位，后给业务蓝图规划、管理系统、支持系统、预警系统和绩效管理系统五大系统构成的客户关系管理体系的建设。

收入结构，笔者从直接销售收入、服务收入和二次融资的角度进行客户细分式的枚举。

通过客户需求的排列组合及满足价值主张的覆盖性，对关键业务进行梳理。

而核心资源与能力则是根据价值链的传递特性进行的三大核心资源与能力的阐述：主价值链需求的核心资源与能力、辅助价值链需求的核心资源与能力，以及整体运营所需要的核心资源与能力。

根据价值链倒推法进行重要伙伴供应的枚举，同时给出了供应伙伴管理的八大策略。

成本结构主要为投入性成本和经营成本两大构成板块。

第三章针对发展性企业的商业模式优化设计的八大路径。

首先给出的是四项维度的思考路径，并以此为基础进行商业模式的优化设计。主要三十六个路径分别如下：

走为上、产品与技术改变格局、行业标准和趋同四大模式在内的行业标杆路径。

分拆、挤压、修复、整合四大模式在内的价值链路径。

利润转移、微型分割、权力转移、重新定位四大模式的客户路径。

区域领先、渠道倍增、渠道压缩、渠道集中、配电盘（平台化）五大模式在内的渠道模式。

从产品到品牌、卖座大片、利润乘式、金字塔结构化、客户解决方案、速度创新、售后利润七大模式在内的产品路径。

寄居蟹模式、优化资源模式、整合资源模式和创业家模式在内的四大资源路径。

经验曲线知识化、从产品到客户知识、从经验到知识路径、从知识到产品四大模式的知识路径。

基石建设、技能转移、金字塔到网络化、数字化企业管理四大模式在内的组织优化路径。

围绕剔除、创造、减少和增加四大环节进行的商业模式优化转型设计。

第四章主要为成熟型企业进行的收入结构的再次提升。内容主要为九大盈利能力增强路径。

为客户提供系统解决方案提升盈利能力。

为上下游客户提供供应链金融在促进客户关系提升的情况下提升盈利能力，并枚举了五种常见的供应链金融模式。

深挖客户需求而进行的辅助、后续产品的延伸提升盈利能力。

通过客户的采购机理细分进行高利润渠道拓展，增加盈利能力。

通过创新、领先产品在提升商业模式领先性、价值主张差异性的基础上提升盈利能力，并提供了产品生命周期管理中的价格策略。

通过业务分拆建立网络化金字塔式的利润中心增加盈利能力。

价值链延伸增强一体化经营的获利能力，增强路径分别为业务单元增加而增加利润，集约化管理带来的盈利能力增加。

行业标准建立壁垒而增加盈利。

通过品牌延伸获取授权盈利。

第五章的前三节分别给出了：

通过商业模式的延伸频谱指导企业在现有经营基础上通过上下游的延伸、管理集约化进行企业的密集性增长和产业链延伸业务扩张。

商业模式的三大整合路径指导企业通过前向、水平和后向的商业模式快速整合社会资源，以资本为纽带实现跨越式的增长。

商业模式的升级路径更是指导企业通过企业价值链中的职能部门进行公司化升级，以扩展服务客户的面而实现多业务单元的扩张。

第四节通过商业模式整合流程的十二大步骤指导读者继续商业模式整合设计的具体步骤。

第六章主要考虑在商业模式的转型设计过程中不但要有商业模式的思考，还要考虑具体的组织架构、管理制度的保障以及过程管理等，以促进商业模式的实际落地和实效性运作。

第七章通过笔者的具体实操案例，来对前述六个章节的具体实施做进一步的说明。希望读者重点关注案例中的思维路径、操作策略和实施管理，以及如何确保结果实现。

思维路径：

上述内容均是散点式的商业模式转型设计路径，那如何进行全面化的思考呢？实际上，笔者已经在上述的内容中融入了如下思维路径。笔者思维架构图如图7-1所示：

1. 聚焦化思维

聚焦化思维即点式思维，掌握点的三层次论，如事物的重要程度分为核心、重要、次要；品牌价值分为核心价值、表现价值、延伸价值；产品特征分为物理特征、文化特征、精神特征；客户需求分为核心需求、潜在需求和延伸需求；消费群分为核心消费群、延

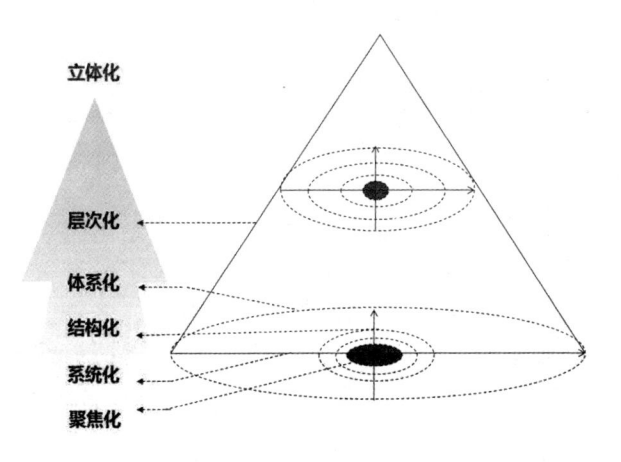

图 7–1　笔者思维架构示意图

伸消费群、辐射消费群等。

2. 系统化思维

系统化思维即线性思维，按照事物的进展顺序进行思考。如解决问题的五步骤、从前到后的价值链等，最简洁的例子就是我们写记叙文的第一步、第二步、第三步……还有就是发现问题、分析问题、解决问题的三步法。

3. 结构化思维

结构化思维指从不同角度分析问题的思维。如看一个杯子，从上看是圆形，下看是较小的圆形，左看是圆锥体……如对于经销商的渠道驱动力，我们可以做如下结构化思考（见图 7–2）：

4. 体系化思维

将点式思维、线性思维和结构化思维结合在一起则形成体系化思维。如图 7–3 所示，笔者在为企业进行商业模式规划中，不仅为每一单一的商业模式进行点式、线性和结构化的思考，而且将这些商业模式的内在逻辑关系进行体系化的思考和关联应用，起到了群体的母合化效应。

商业模式的力量 >>>

图 7-2 结构化思维示意图

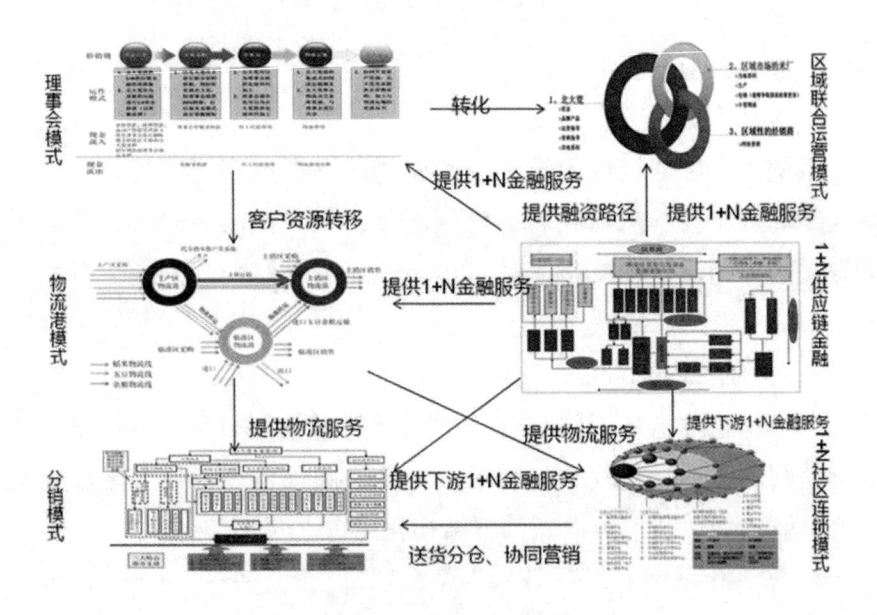

图 7-3 体系化思维结构示意图

5. 层次化思维

层次化思维即将体系化思维放在层次化的结构上进行定位，如我们对企业运营的流程架构构建，需要用到这样的思维架构（见图

7-4)。

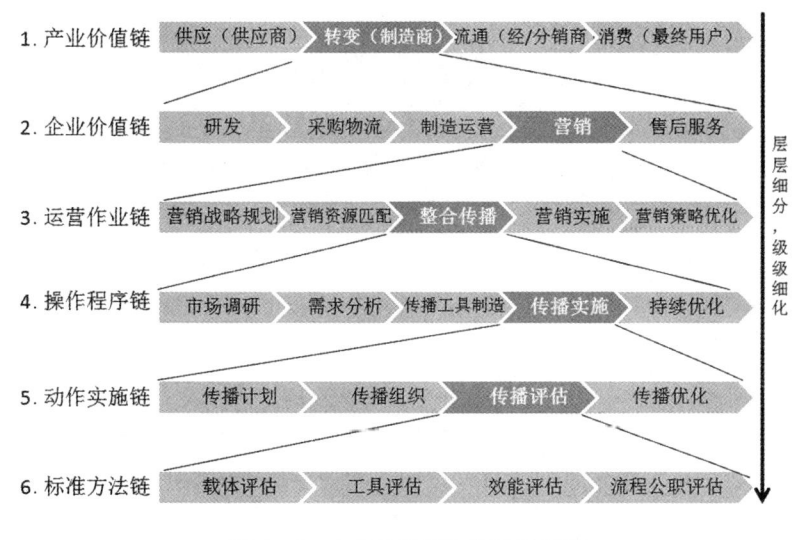

1. 产业价值链	供应（供应商）	转变（制造商）	流通（经/分销商）	消费（最终用户）
2. 企业价值链	研发	采购物流	制造运营	营销	售后服务
3. 运营作业链	营销战略规划	营销资源匹配	整合传播	营销实施	营销策略优化
4. 操作程序链	市场调研	需求分析	传播工具制造	传播实施	持续优化
5. 动作实施链	传播计划	传播组织	传播评估	传播优化
6. 标准方法链	载体评估	工具评估	效能评估	流程公职评估

层层细分，级级细化

图 7-4　企业流程架构构建逻辑图

6. 立体化思维

立体化思维就是将上述的五种思维进行立体化的从高到低、从大到小、从包容到被包容的思考。

如考虑市场，我们要将市场进行全国市场、省级市场到区域市场的思考，而且需要对相关的层级市场进行选择、开发、维护、成熟、退出的线性思维，还需要对产品、品牌、渠道、客户等因素进行结构化思考，还要有对每个因素的聚焦化的点式思考，整体的组合就是立体化思维（见图 7-5）。

了解了如上的知识和思维逻辑之后，再了解部分的工具应用，我们就可以很容易地思考多商业模式的转型设计事宜了。

这就是笔者在本章节之前要对前述内容进行总结，及对思维模式进行概述的原因。

图 7-5　立体化思维的架构逻辑图

第一节　客户细分升级案例解析

1. 案例回放

某电器运营商，开设了一个 3000 多平方米的电器卖场，与各大电器厂家如西门子、西蒙电器等进行了合作，采购货物均能及时供应到位，发展得还不错，于是就想开连锁店，扩大规模。

但在其他几个社区开设了几家小型的加盟店后，业绩非常不理想，基本上处于亏损状态，加盟商纷纷要求终止合作。这些对企业造成了精神和经济上很大的打击。

笔者在进行调研后发现，这些加盟店之所以处于亏损状态，原因基本如下：

（1）售卖方式单一，仅仅在店内等待客户上门，而最终客户将这些加盟店当作普通的五金店来看待，许多时候看到价格高则扭头就走。

（2）对客户不理解，专等客户上门，不知道客户买到产品后后续使用情况，缺少对目标客户的教育和培育。

(3) 缺少维修服务等，仅仅出售产品。

2. 升级方案

(1) 对目标客户进行重新界定

首先自己的电器产品多为中高端产品，如各种节能灯、工艺灯、保健灯等，部分为智能化产品，如各种煤气泄漏报警器、小孩被子蹬落报警器等。所以其面向的最终用户也应该主要为中高端家庭用户。而当地的中高端用户，其家庭收入在万元/月以上。

而这些家庭用户，又多为白领和金领阶层，日常在家的时间比较少，能经常在家的多为主妇，这些人员因为用电知识缺少、动手能力差、安全顾虑等问题在电器产品的更换上存在困难。所以她们在需要电器产品的同时，也需要产品的安装、安全使用等的系统解决方案。

对于新装修房呢？正常情况下，大家会先找一家装修装潢设计公司进行设计，然后由他们进行装修，其中就包括电器产品的安装，但这是装修中的难题之一，因为专业知识不具备，房主装修前迟疑不决，担心出现问题后再找装修公司解决很麻烦。

除此之外，还有哪些客户需要呢？

经过调查发现，在较为发达的城市，社区周边的餐饮店经常会因为变迁而需要进行装修，在装修的过程中，它们有的会需要工程性的安装和方案设计。对于大型的酒店、办公场所等的电器工程，其实早都有大型的电器公司进行诸如参与竞标、工程安装等活动。

(2) 进行目标客户及其需求定位分析（见图7-6）

①因为大工程项目的大投入、价格、工程施工，以及产品等竞争因素的存在，所以市场定位于家庭装修市场和小工程市场。

②这些客户的需求分别是，在装修前需要制订方案，中间需要装修施工，而在装修后又需要周期性地检修维护和更换，后还可能

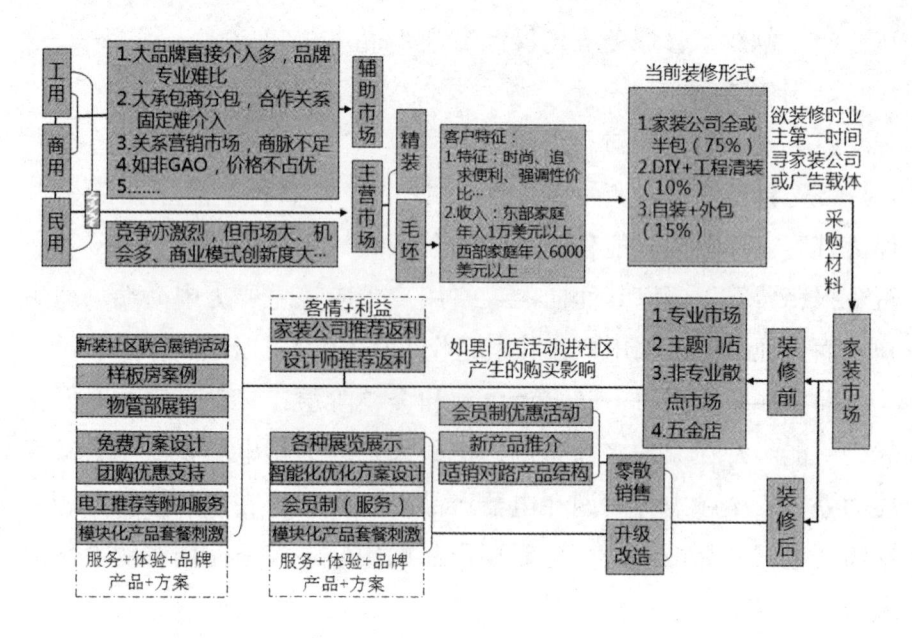

图7-6 客户需求架构图

发生产品应用升级问题。

③购买的决策者通常为：餐饮、办公场所需要的业主、家庭人员等，特别是新潮的中高收入人群。

④这些人员的购买动机呢？装修前的购房者经常会先看家庭房屋架构，依据装修格局选择电器产品；装修后的家庭购买者一般不会为了一个小电器跑到专业市场去采购；业主呢，如果看到自己经营场所附件有电器店，一般不会跑到专业市场去，除非他们共同大量采购，才可能去专业市场，如果就近有商铺，就近购买就会成为第一选择。

（3）客户价值需求明确定位

经过上述的分析后，我们对客户的价值定位如表7-1所示。

表7-1 对客户的价值定位

目标客户	价值需求
装修前家庭	设计方案+产品供应+施工
装修后家庭	产品供应+维修保养+产品升级
装修前小业主	设计方案+产品供应+施工
装修后小业主	维修保养+产品更换

(4) 明确定位之后的解决策略

①和装修设计公司形成战略合作解决方案问题,部分的施工问题也可以协同解决。

②加盟店内的产品组合除零散产品外,以方案型组合为主,如厨房组合、餐厅组合、卧室组合等。

③售后服务。与社区的物业管理处的电工结成联盟,由其代为进行,定期付给其劳务费用。而对家庭来说,由于电器更换、定期维护等存在困难,所以以收取年度180元会员费,24小时全天候服务的方式进行。

(5) 业务布局

根据上述的内容,对区域市场的开发做了如下布局变革:

在专业市场附近开设一家专业展销的较大专卖店,面积在1000平方米左右。其主要的功能为产品展销、产品功能介绍、服务体系介绍等,同时也作为进行单店零售人员培训的基地、战略合作客户的宣传地、联谊活动场所等。后续建立的平台还包括电工友吧、家用电器论坛等。而对加盟店,要求其经营场所全部在几个较为中高端的社区之间,以便能够覆盖更多的社区用户。然后分别在小区内进行强化宣传,举办联谊活动等。

(6) 单店盈利能力核算

每个店有1000家的会员,则单店年度收入可达18万元,月度产品销售 2 万元计，毛利 35%，年度营收 8.4 万元，合计 26.4 万元。经营场所月度各项费用以 1 万元计算，则总体的毛利润为年度 14.4 万元。单店是盈利的！而对于每个城市的中心店，所有产品有着 10% 的毛利润，加上自己承担的较大工程项目，则也处于盈利状况。

经过如上的这些变革和管理固化之后，这家公司已经在多个城市进行了健康的区域性拓展，公司整体也实现了盈利，相信不久，我们可能会发现在电器行业，一匹黑马即将腾空出世！

3. 经验总结

（1）商业模式的本质是最终客户的价值满足和合作下游客户的盈利，只有满足了这些才能有客户加入。

（2）商业模式只有具备不断吸引和积累客户的能力才能定义为成功的商业模式。

（3）商业模式的背后不但要有精准的客户细分和定位，同时需要强大的、规范化操作的后台体系作为支撑。

没有这些，商业模式很难落地并产生实效，最终会失败。

在本案例中，首先对客户进行了精准的定位，对客户的购买动因和购买动机进行了详细的剖析，根据其需求制定了"方案＋产品＋服务"的整体价值满足体系。后据此形成加盟店在高档社区的泛社区化设立、根据购买决策机理进行中心店拦截宣传、广泛传播整合资源、小店进行服务的布局，只有这样才能将电器的加盟店从传统的五金店中区隔开来，并形成和大型电器厂家一样以服务进行精准定位的营销体系。

第二节　客户关系管理升级案例解析

1. 案例回放

某食品集团一直处在行业内老大和老二的压制之下，在它们强大的广告宣传、产品更新之下，公司的销售日趋下滑，经销商和二批商也逐渐被竞争对手夺走，可以说公司已经处在了市场全面溃退的边缘。

经过一段时间的调研，笔者发现了如下事实：

（1）整体市场已经处在块状竞争阶段，规模化的市场份额占领已经成为行业竞争的主体，产品的同质化日趋严重，跟随产品研发只能步人后尘，成为跟随者，稍不注意市场份额就会严重下滑。

（2）行业内的老大和老二除该方便食品外，尚有饮料、休闲食品等产品作为补充，现实方便食品均还不是它们的主营业务，它们大量的广告投放有更多的业务进行费用的分摊，所以公司打不起消耗战。

（3）在渠道管理上大家都采取常规管理模式，即都是有2%的月度销售返利，经销商和二批分销商客户都是利用产品销售差价进行盈利，由于广告的高额费用支出，所以价格战拼不起，即使能拼，也很难坚持长久，加上消费者的消费惯性也不见得能够有效果。

（4）由于长期竞争，人员和管理也没有什么优势。

2. 客户关系管理升级方案

在上述背景下，确实很难找到方法，使公司在短期内发生较大的变化，但因为笔者长期进行商业模式研究，最终还是认为从客户关系的管理上面做文章大有所为。后续制订的方案如下：

(1) 对全国所有的经销商进行分级分类（见图 7-7）

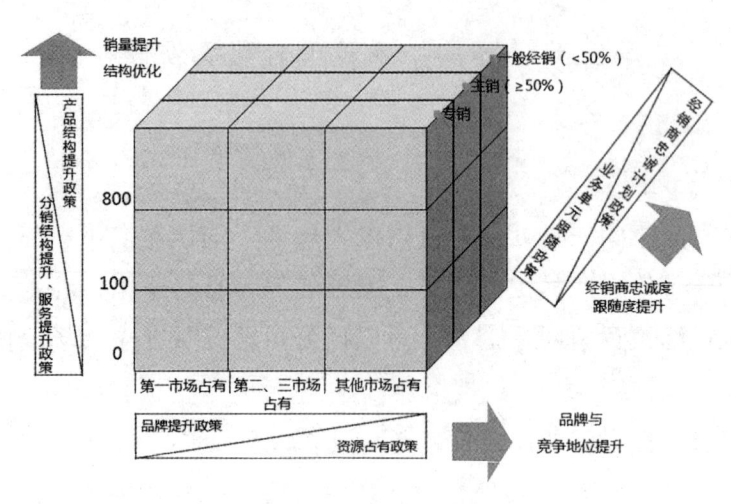

图 7-7　经销商分级分类

主要按照销售量、忠诚度和区域品牌占有率进行分类，并分别匹配如下的策略作为经销商的共同成长计划：

①销售量的提升策略

对于销售量越来越大的客户，指导其进行产品结构的优化，如增加高价高毛利的产品以增加盈利能力；而对销售量较小的客户，给予其分销结构的优化，如在县城和城区，激励其多直营弱分销，强化服务能力。

②品牌提升策略

对于占有率较高的市场终端在形象推广上给予一定额度的支持，激励经销商建立终端堡垒，以提升销售量；对于市场占有率较低的客户，给予其在终端的短假、堆头等的销售资源垄断。因为在该行业，牌面占有率几乎是等于市场份额占有率。

③忠诚度提升策略

对于专销经销商给予最高的返利政策，新产品上市后优先铺货，激励经销商专销或者主销自己公司的产品。

上述的激励政策均是以绝对值进行考量的，按照一定的权重，分别界定、建立从一星到五星的经销商评估体系。为激励经销商，特制定政策，对经销商进行季度评估，对有星级提升的，给予星级提升奖励，提升几个星就给予百分之几的奖励。

上述内容制定后，厂家业务员和经销商共同进行市场的普查和成长计划的制订，对可能的提升奖励允许经销商先实施，诸如车辆的购置等。后公司统一购置了1000辆送货车，但由经销商先垫款，在其年度内根据评估，按照达到的目标进行奖励兑现，没有完成任务的，按照完成比例返还现金；超额完成的，除返还车辆款后，超额部分进行双倍奖励。

（2）建立二批商的激励和管理体系

因为该产品的销售在乡村，特别是北方的乡村，整箱销售的情况占据着大多数的情况，所以产品在农村市场的销量很大，为此进行二批商，特别是乡镇二批商的激励将成为市场增量的核心点。为此，笔者帮助其建立了如下二批商激励机制（见图7-8）：

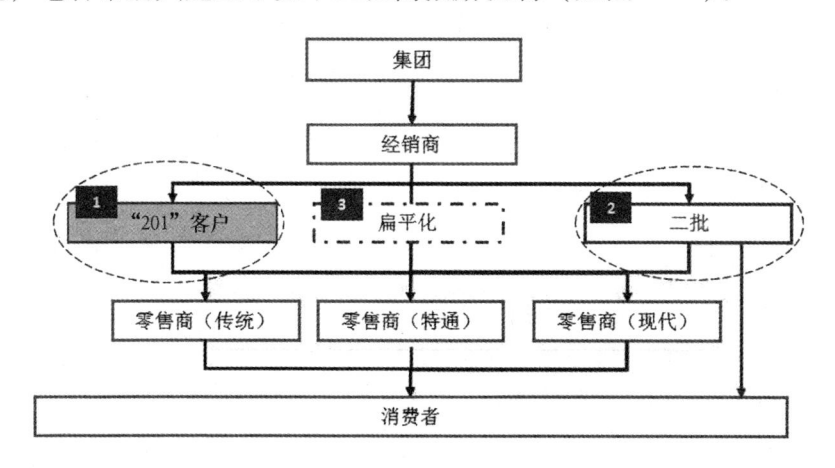

图7-8 二级渠道整合结构图

①选优秀的二批商实行厂商共同管理的体系。

②打造"201"客户管理体系。所谓"201","2"代表二批商,"0"指的目标终端全覆盖,"1"指一套管理体系,指201客户、经销商和公司签订三方协议,共同建立乡镇及村终端的市场管理体系。在该体系中,有配送能力的二批客户被发展成为公司和经销商的客户,纳入公司客户管理体系,这样的客户被称为"201"客户。

"201"客户选择的条件:其一,重点乡镇:市场容量大,具有战略意义,但经销商分销不细、不深,终端服务难以保障的乡镇。

其二,地理位置远,经销商难以有效经营的区域。由于缺乏车辆、人员和相应的管理能力,没有有效纳入线路管理,乡村见货率较低的乡镇;或者经营费用成本高难以支撑运营体系发展的区域。

其三,竞品表现强势,经销商资源难以达到的区域。这些区域竞品表现强势,经销商必须借助当地的分销商资源进行深度分销。

其四,特定终端进入壁垒较高,必须借助第三方的力量。此时根据供货资源情况,可以将该供应商发展成为"201"客户,如厂矿社区、监狱、大型工地等。

"201"客户培育计划。定期对客户进行评估,对销售量增长、市场占有率增长和终端形象维护分别制订增长计划,对达到目标的客户给予激励2%~5%。奖励由公司和经销商分别承担70%和30%。考核的基数为销售量的增长,销量增长超过20万元的,给予2%的激励;超过50万元的,给予5%的激励。

千辆车激励计划。对全国二批商目标总销量可能达到100万元的,给予价值4万元的车辆特殊奖励。该奖励计划由二批商自报,后公司统一买车,统一形象。在其销量达到目标后,车辆款由公司统一返还;超过80万元,则按照比例返还;低于80万元的,可以允许其第二年继续努力，年度内达到的按照前者进行返还；第一年超过 80 万元没有达到 100 万元的，在第二年给予全款返回，但要求其销量必须超过第一年的销售量。

③核心二批商的管理体系。对县城及以上城市市场的二批商，寻找意向终端覆盖的核心二批商，进行特殊激励政策，如表 7-2 所示：

表 7-2 对县城及以上城市市场二批商的特殊激励政策

年度销售累计		10 万~20 万（含 10 万元）	20 万元以上（含 20 万）	费用承担
累积激励政策	销售返利	0.5%×销售额	1.0%×销售额	经销商、公司各 50%
	形象制作	店招／门头一个		公司
	情感沟通	春节礼品一套	春节礼品一套	公司
	公关活动		指定地点旅游一次（利用此进行新闻炒作的传播）	二批商出长途交通费，其余公司承担
	发展利益	加入"赢道"俱乐部，获取运营管理、市场操作等的培训支持		

④扁平化管理。对于强势市场中，不愿意接受核心二批商管理的二批商，尽力予以革除，以实现扁平化的终端市场管理。

二级渠道战略的总战略规划。三年内实现 5000 个"201"客户和 10000 个核心二批商的管理（见表 7-3）。

表 7-3 二级渠道战略规划情况

二级渠道战略	三年发展规划	战略目的和意义	对应市场
"201"客户	5000 个	弱势补强：补强经销商薄弱区域，小区域内做到全覆盖	潜力市场成长市场

续表

二级渠道战略	三年发展规划	战略目的和意义	对应市场
核心二批捆绑	10000个	隐性补强：通过返利捆绑，做好终端户口管理，填补隐性空白终端，掌握清楚商品流量、流向、流速	成长市场 潜力市场
扁平化（革除二批客户）	四、五星级市场	线网补强：渠道扁平化后，通过"N+1"鲶鱼效应，进行线网补强	强势市场

(3) 百万终端计划中的核心终端管理。

在实行了上述的经销商分类、分级管理和二批商客户关系优化管理后，终端信息系统得以建立和完善。为支撑市场的发展，随即实行了百万终端计划的核心终端管理。

所谓百万终端计划，即公司直接掌控100万家终端基础信息和商务信息。

核心终端按照终端的战略价值、门店辐射效应和终端的销售能力等进行评估，按照从前到后的排列，分别进行钻石、黄金和种子终端的分类，后分别给予不同的激励政策（见表7-4）。

表7-4 核心终端的分类及其激励政策

终极分级	数量	辐射效应	战略选择要求	选择关注重点
钻石终端	5000家	旗舰店，能辐射30~50家店	对区域市场有较强的品牌辐射效应	主要领导节假日可能视察的门店
				新闻媒体节假日报道的重点门店
				目标城市特大KA、商超
				大学城重要地理位置的商超
黄金终端	3万家	形象店，能辐射10~30家店	在目标市场商圈环境好，品牌推广效果好，线网辐射效应强的门店	周边商圈辐射范围大
				线网辐射能力强
				实际销售业绩较好
				适合品牌市场推广

续表

终极分级	数量	辐射效应	战略选择要求	选择关注重点
种子终端	10万家	种子店,能辐射3~5家店	销售业绩好,店主对企业认同度高,有一定的辐射效应	销售业绩好,对企业认同度高
				有一定的辐射效应

上述经销商的分类与分级管理、二批商捆绑和核心终端管理三者之间的关系为：经销商为直接激励，充分发挥其区域市场的管理能力，二批商和核心终端依次为落地支撑。

三大思维的借鉴和来源。经销商的分类、分级管理的思维来源于娃哈哈的厂商联合运营体；二批商，特别是"201"体系来源于可口可乐的"101"管理体系；核心终端来源于酒水营销的"盘中盘"管理体系。可以说该套客户关系体系均有可以借鉴的成功经验，但同时均超越之。

3. 案例成果

（1）该项目启动支出，原先市场销售总量为40亿元，企业正常经营利润在6%左右。

（2）一年之后的费用测算，市场营销费用，除2000辆车辆之外，均在原有的渠道促销费用、终端促销费用和消费者促销费用及品牌费用的比例之内，而且节余了4个点。

（3）一年之后，该企业的销售总量为60亿元，增加了20亿元的销售额。

（4）总体盈利能力增加 = 60亿元 × 4% − 2000 × 4万元 = 1.6亿元。

也就是说，在该客户关系体系实行之后，为企业带来了1.6亿元的利润增长，同时销售业绩增长了20亿元。

（5）抢占区域市场高地。上述策略在山东市场落实得最好，其销售总额在年度内从6亿元增加到了11亿元，而经过统计，该区域内行业老大和老二的销售总量却下降了5亿元之多，在该区域，该企业成了老大。

4. 经验总结

（1）商业模式的创新不是凭空想象，往往能够从竞争对手的商业模式、雷同行业或者非相关行业的商业模式中找到创新点。

（2）商业模式的优化设计和完善设计及其实施，一定要本着"原有模式为基础点，优化和完善为增长点，系统实施为创新点，以点带面实施为突破点"的原则进行，这样复制起来能够收到事半功倍的效果。

（3）企业在抓住客户细分的同时，进行客户关系管理的优化和提升，激发客户的积极性，将客户管理进行员工化，这是企业整合社会资源、实现业绩增长和盈利的关键路径之一。

（4）客户关系管理是一个系统性的工程，不但要关注直接客户，而且要对客户的客户进行管理。

这样客户关系管理的支持系统不但有了落地和支撑，而且还可以"疏导"和"釜底抽薪"的方式促进直接客户必须和企业保持市场目标的一致性，起到上下同心的效能。

（5）客户关系管理系统的实施，还需要强大的后台作为支撑。

如在本案例中，终端信息系统至关重要，后笔者据此整理出了如图7-9所示的客户信息系统架构图。

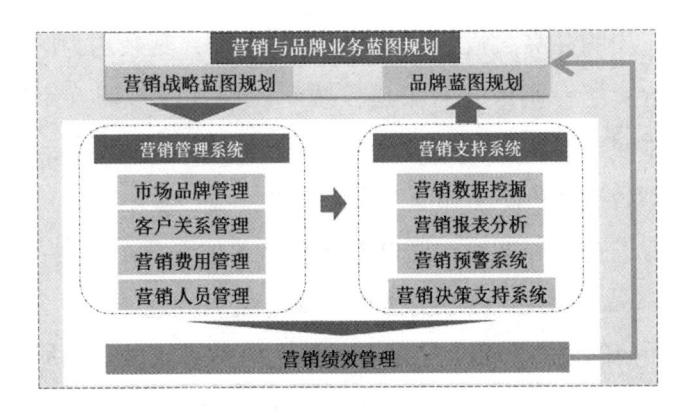

图7-9 客户信息系统的架构图

第三节 渠道通路创新案例解析

1. 案例回放

南方某医疗器械公司，经过好几年的研发，拥有了多项发明专利，可以说产品处于国际领先水平。其主要的产品有轮椅、负离子氧气机、拐杖等20多项，当然产品价格也比同行高出50%以上，部分产品高出300%以上。早初期的销售中，产品是走传统医药专卖路线和终端BCD通道，其渠道模式如图7-10所示：

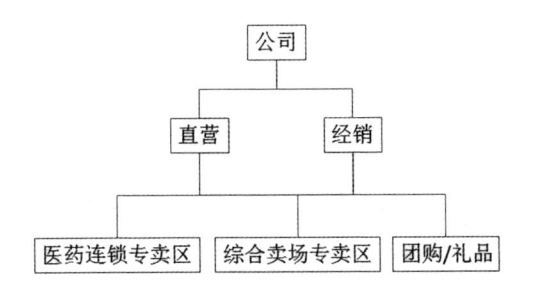

图7-10 某医疗器械公司早初期销售渠道模式图

189

其中，团购礼品大概占其不足5%的份额，其余均为医药连锁专卖区和综合卖场专卖区零售渠道。然而在销售进行四五年后，企业一直处于亏损状态，必须扭转局面，否则可能面临破产，更不用谈什么三五年后进行资本上市了。

在笔者进行服务期间，经过调研总结了如下几个缘由：

（1）产品价格高，虽然质量非常好。

产品面向的消费群必须是高端人群，消费层次较高。那么该人群在哪儿呢？高干人群，这些人福利待遇好；高收入人群的父母，这些人的家庭收入高，多掏一些钱无所谓，反而掏钱少显得没有面子。

（2）反思渠道。

他们很少采用传统渠道，所以在医药连锁专卖区和综合卖场专卖区的销售量一直不尽如人意，基于该渠道的团购礼品业务也是非常少的。

（3）医药连锁专卖区和综合卖场的专卖区的渠道进入成本高。

这些渠道的进场费、装修费、导购员人员费用、培训费、服装费、管理费等加在一起非常高，导致80%的卖场销售额还不如这些费用多，亏损在所难免。而据初步预算，如果全国适合进驻的卖场全部以专卖区的方式进行，没有两三个亿是拿不下来的；即使拿下来了，又能如何呢？意味着直接亏损必须超过2个亿，这样的业务不如不做。

（4）管理能力堪忧。

从企业管理上来看，团队建设尚处于建设初期，成员专业能力不扎实，加上销售业绩不景气，大家的收入有限，所以人员一直处于高流动状态，人力资源成本也是居高不下。

2. 提升方案

为快速地改变这种格局，必须采取全面、创新性的、低成本的创新渠道模式。笔者给出了如下的"蓄势、营势、借势、造势和乘势"的"五势"提升方案：

（1）蓄势。

根据消费者的特点进行分析，既然是目标客户定位在高干和高收入人群的长辈，那这些人员都在什么地方接触这些家用医疗器械呢？无非是通过医院的高干病房和特护病房；通过老干部管理局的关怀；通过各疗养院的医疗治理；通过红十字会的公益赞助；通过高端会所等。因为该类产品的销售特点均是"用者不买，买者不用"，所以要围绕直接消费者和购买者来进行整体的渠道模式规划。渠道分销模式如图7－11所示：

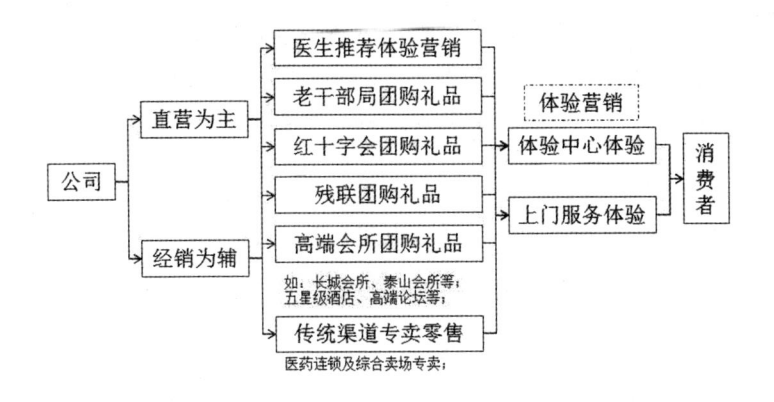

图7－11 渠道分销模式图

那如何进行蓄势呢？

①公司建立网络营销部。

一是向全国各地的老干部局、红十字会、残联、高端会所等发布产品信息，主要讲述产品在家庭保健中的利益点；同时，讲明企业的福利性经营宗旨、赞助意图等，将功利性的营销操作进行公益化。

二是拜访有合作意向的城市建设分公司，向决策人攻关，以达成合作意向。在达成合作意向的省会城市建设分公司,当然分公司的设置除办公场所和经营场所外,进行体验中心的建设也是非常必要的,此办公场所一定要在交通发达的高档写字楼或者五星级的酒店之中,甚至可以在高端会所经营场所内进行专区建设。

(2) 营势。

此时,营造公益性企业的经营氛围非常关键,发挥网络营销的功能非常重要。主要采取以下措施:

①通过医疗专业杂志进行产品的介绍,吸引推荐者和购买决策人,给他们造成强烈印象。

②通过红十字会、残联、老干部局内刊等进行产品和企业公益性经营模式的介绍,唤起这些机构决策人的共鸣。

③通过高端会所内部交流平台导入尊敬老人的传统美德教育,或者在飞机刊物、总裁刊物等进行产品功能介绍和宣传广告等。

(3) 借势。

所谓借势,就是借助专家形象进行品牌宣传和义卖活动。如:

①通过医疗专家对残联的康复讲座、疗养院中的健康讲座、总裁的国学修养等进行产品的嵌入式广告推广。

②在红十字会、残联、老干部局等的集体活动中进行赞助性的广告活动或者部分赞助。

③在赞助活动嵌入到分公司进行体验的活动环节。

在这些嵌入广告或者活动中,许多的健康讲座可由公司召集专家进行,这样的商业效果更明显些。所以,整合一批医疗健康专家很关键。

(4) 造势。

造势主要有两种方式:一是将所有的专家讲座进行事件性广告推广,精准地推向意向合作机构和目标合作机构;二是将消费者的体验作为案例推向目标消费者。

（5）乘势。

在上述的残联、疗养院、红十字会和高端会所进行推广和展开合作后，为积极发挥其影响，各分公司派驻人员积极与区域内各三甲医院中各科室主任级医师进行沟通，以进行学术研究赞助和介绍费赞助等的形式请他们向高干或特护病房的病人推介产品；同时召集新特药公司作为经销商进行销售；当然对有意向的经销商采取医药专卖店、综合卖场等专区销售形式也是增加销售量的考虑范围。

以上形成渠道共振、消费者认可、合作伙伴共鸣的"乘势"效能。

3. 效能分析

年度总费用计划：

（1）10家分公司，每家按照固定费用30万元计算，为300万元；

（2）公关费用，每个分公司年度50万元，为500万元；

（3）网络传播费用，总体1000万元；

（4）赞助活动费用，每个分公司年度50万元，为500万元；

（5）人员的经营费用，每个分公司20人，包含专家、经营者、财务管理者、业务人员、会务人员等，人均月度万元，合计2400万元。

以上的合计共为4700万元。

而每个地方的销售呢？每个城市以1万人的目标对象，总体为10万人，客单价以2000元计算，则可以达到2亿元。

费用率为23.5%。

而之前呢？在销售额不到亿元的时候，所花费的终端费用就已经超过了亿元。而这个费用率在毛利率超过70%的产品制造成本面前,真的是非常低的。

4. 案例成果

通过以上的渠道模式创新,该公司用了一年时间,打造出了将近20个样板市场,盈利能力和客户总量远远超过上述的保守计算。并且现在其在原有网络渠道的基础上,不仅开发新的客户,而且倡导起了为消费者更换原使用产品的运动。在销售业绩不断增长的同时,更加获得了部分社会资源的支持,税收政策也得到了部分减免;顺应该网络的容纳性,不断增加了许多新的产品。

这个案例是几年前的故事,现在该公司已经进入了上市的辅导阶段。我们不难看到,中国大地上又一个健康型家用医疗器械公司作为行业的黑马明星正在冉冉升起。

5. 经验总结

(1) 渠道模式的创新是商业模式的关键组成部分。

如何进行差异化渠道模式的创新,需要从消费者的购买动机上进行分析。在该模式的优化中,我们分别从购买决策人的产品信息、功能信息、心理需求等角度进行传播、推广和产品的体验式营销,不仅让购买决策人认可产品,更能让消费者和使用者进行深刻的体验,这是模式成功的前提。

(2) 系统化的运作模式是商业模式的基本特征。

在该模式的规划和复制过程中,与购买决策人的沟通、与组织机构的负责人的沟通、对体验者的功能介绍均形成了规范化的运作体系,网络营销、公关营销、体验营销均能够阳光化操作,避免许多"暗箱操作"的潜规则,这是在中国的复杂社会环境下的变革,这是模式能够发展并健康成长的基因。

(3) 商业模式是一个立体化的商业元素组合。

该企业之前的运营,只是片面地思考销售问题,而没有从商业模式的本源进行思考，没有完整地搭建营销运营体系，所以造成销售越多越亏损的状况。而从整合营销以及对价值链过程的利益相关者的深层价值需求出发才是商业模式的王道！

第四节 价值主张转型案例解析

1. 案例回放

一个在上海市郊承包菜园的朋友，种了200亩地的蔬菜，以绿色蔬菜供应上海的各终端卖场，包括现代商超、农贸市场和批发市场等，然而在扣除土地承包费用、劳务人员的工资、农药化肥及种子的费用后，在天时较好的时候，还能够挣上一大笔，然而只要天时不好，就要亏损一笔。后来这位朋友开了个农家乐，但由于经营不善而歇业了事，觉得有着好的资源却无好的盈利，非常困惑。

笔者在调研时发现：

（1）在现代都市，特别在上海这样的城市，随着人们生活水平的提升，以绿色、天然为品牌口号的农产品确实能够给消费者带来一定的吸引力。

（2）然而由于检验水平有限、消费者对产品的生产过程无可考究，加上市场上早已经充斥着绿色天然蔬菜10多年，对概念大家也已经习以为常了，也就没有太多的吸引力了。加上竞争较多，所以这位朋友的运营陷入同质化的境地实属正常。

（3）这位朋友的蔬菜生产基地位于青浦，可以供应整个上海地区，离城区不是太远，污染非常少，水源河流较多，可以说是非常好的休闲娱乐区域。

（4）在对高级白领人群的调研中，笔者发现，高收入人群最担心两件事情：一是吃的东西污染严重，健康安全的食品难求；二是孩子的教育问题，不辨五物，不明四时。

2. 提升方案

由于笔者经常看到有城里人到田间地头去采摘水果，而价格则不是其关注的首要因素，问其原因，则多为孩子能够体验农田生活和买到好的水果。在笔者发现都市人群有此重大需求后，结合朋友经营现状，提出了一个"都市菜园"的大胆设想。

（1）将菜园分成以分地为单位的地块，不管是大棚菜地还是露天菜地。

（2）制定宣传片，讲述内容包括菜地周边的优美环境，适宜家庭带领孩子进行野外休闲和活动；父母可以带领孩子进行野外种菜的亲身体验；派有经验的菜农给孩子讲述如何种菜、如何收菜、如何维护菜园等农艺知识。

这样在孩子进行农家菜园体验生活的过程中，既增长了知识，同时也见识到农民是如何种菜的，让其从小知道劳动的艰辛。

（3）菜园可以根据消费者家庭的需要，将其菜园中亲手种出的蔬菜每周配送两次，确保其吃得放心。

这样朋友的经营就从简单的蔬菜供应转变成都市菜园的培育基地了。其价值主张也从最初的"绿色天然蔬菜"转型升级为"农家菜园生活，天然心灵基地"了！

3. 实际运作

提炼上述概念与思路，是商业模式创新的第一步，后续我们为其补充了完善的管理运营体系：

首先，将原有的菜农聘任为农艺导师，不但能种菜，还要有能力为前来体验的孩子及孩子的家长进行种菜知识的培训和沟通，教会他们如何种菜。这些家长和孩子在导师的指导下，亲自抡起锄头翻地，亲自下种，亲自浇水施肥，亲自采摘，孩子和家长均体验到了农民种菜的不容易，知识、生活和情感也得到提升。

其次，进行配送体系的搭建，增加专业配送车辆4辆，每天周期性地巡回到上海各处的家庭进行蔬菜的配送。

再次，对商业模式的整合传播。当时是交由专业的营销推广公司进行年费卡的销售，对于大棚菜园，是年度费用每分地2800元，露天菜地是每分地1280元。而主要通过幼儿园和小学，以家长会的方式进行宣传和推广。

在有部分孩子的家长进入会员俱乐部之后，公司出钱让这些孩子邀请他们的同学和同学家长一起来，公司给予餐饮招待，一来二去就形成了口碑传播。品牌在同学之间、家长之间逐步传播开。

最后，在完成初步的上述内容后，这位朋友在菜地周边重新装修了其原先没有成功的农家乐餐馆，猪、鸡、鸭、鱼等全部由周边村子里面的农户供应，大获成功。

一年之后，这位朋友的200亩地的菜园仅仅依靠年费卡就销售了400万元，扣除给第三方服务公司的费用20%，毛利润320万元。4辆车按照每车两人标准的费用约为80万元，雇用产业工人10人，费用50万元。这样下来，全年实现的利润仍然超过了150万元。

再后来，这位朋友将经营面积扩大，现在已经超过了1000多亩，建立起了农家乐旅游农庄，鸡鸭鱼肉全部自己养殖，盈利能力更是超过了以前。

4. 案例总结

（1）商业模式运营的核心是价值，只有在价值被充分提炼，得到客户的认可后才能有力促进盈利。

本案例就是在客户的深层次需求被挖掘后，引导客户不但要关注自己的健康安全食品来源，还要关注孩子对大自然的接触和吃苦耐劳的教育，另外一家人在一周的辛苦工作和学习后，进行全家性的郊区旅游，更是一家人休闲、放松和增进感情的好机会。

这些价值主张是促成会员不断增加的根本动因，事实证明，后续农场面积增加到千亩之上就是在客户消费的推动下实现的。

（2）先进的商业模式具有自主营销的功能。

健康安全的食品供应、亲身的体验、家庭的快乐、孩子的教育等集于一体的价值主张无不打动中高端消费家庭的心，所以这些高端人士在自己得到体验后，会不由自主地邀请朋友共同游玩和家庭聚会，这样也就充当了宣传员和活广告的角色。加入会员即可让自己更快乐、让孩子更优秀的口碑效应水到渠成。

（3）商业模式的运作要注重社会资源的整合。

在该案例的商业模式中，先收取现金流，后逐步将服务配置到位的设计是成功的关键，农艺导师、农家乐以及由此进行的各项养殖等，均是依靠先进的商业模式进行整合的结果。

目前"都市菜园"模式已经广为流行并得到很大的推广了。在2010年，笔者为北方某大型大米产业链企业的咨询中也成功引用了该模式。该大型企业得到当地政府的支持，为其高端客户安排了丰富的商务洽谈、观光旅游等活动，紧紧吸引住了这些客户，当地其他产业也得到了很多的投资和融资等，大大促进了当地的经济发展。

第五节 资源整合案例解析

1. 案例回放

南方某纺织企业，产业包括彩色纤维和纺纱，每年的销售额超过40亿元，为以环保为概念的上市公司。要知道在印染过程中，平均每印染一吨布,会污染60吨水,它们是如何实现环保的呢?主要因为其彩色纤维生产采用的是在线添加技术(即在涤纶短线生产过程中进行色母粒的在线添加,大大减少后续纱线、布匹等生产时候的色彩印染),为国内的首创。然而在其生产初期,由于后续技术难以跟进,所以销售很不理想,企业多亏纱线生产才维持了现金流。在笔者2008年接手该咨询项目时,企业仓库中已经积压近3万吨的产品,价值在4亿元之多。

笔者在调研中发现:

(1)纺织行业是非常宽长的产业价值链,其从原材料、短纤生产、纱线、布匹、服装、零售再到消费者,可以说每个环节都是一个完整的行业价值链。纺织产业链架构图如下(见图7-12):

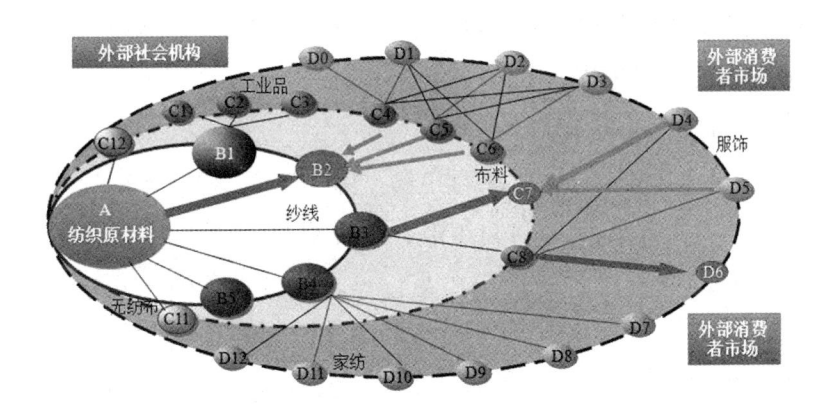

图7-12 纺织产业链架构图

(2)从销售的核心产品来分析,该企业主要的销售渠道有:

①无纺布企业(C11、C12);

②工业品(通过B1的纱线生产后到工业品生产企业C1、C2和C3,后进入消费者市场);

③家纺(通过B4纱线生产后进入家纺成品的制造,后进入消费

者市场）；

④服饰（通过 B2、B3 等的纱线厂商后进入 C4 - C8 的布料厂商，后进入 D0 - D6 的服饰厂商，最后进入消费者市场）。

（3）该企业由于产品具有对行业的创新性，所以必须整合相关的资源。

整合的资源包括：

①为满足后续纱线多样化对色彩和材料的需求，必须整合棉等原材料的供应，方能进行纱线生产或者对下游客户提供系统解决方案。

而该类客户的系统解决方案包括：原材料供应，棉涤混纺；色彩的需要，有的需要色彩一致，有的需要花色，而且品种要求较多。

②为满足布料企业对材质和色彩的不同需求，必须能够提供要求材质的纱线、色彩及其混合产品。

（4）如何形成有效的销售呢？

方法有三：流行材质、流行色彩、流行料。

流行材质指流行的原材料组成，涤棉6040，还是5050等；流行色彩指流行的纺织材料的色彩，花色还是一致性原色，颜色组成是什么样的；流行料是指流行纺织物的做法，经纬线的密度、经纬线的粗细、梭织还是针织等。由此可见，要想形成有效的销售必须整合行业的流行色协会、面料和服装设计师等。

2. 提升方案

（1）匹配中心的商业模式（配原材料、配色彩、配技术、配服务）（见图 7 - 13）

价值主张：提供原材料组成方案、色彩搭配方案、技术研发指导方案和包含物流、信息等在内的系统解决方案。

客户细分：无纺布企业、纱线生产制造企业、面料生产企业、

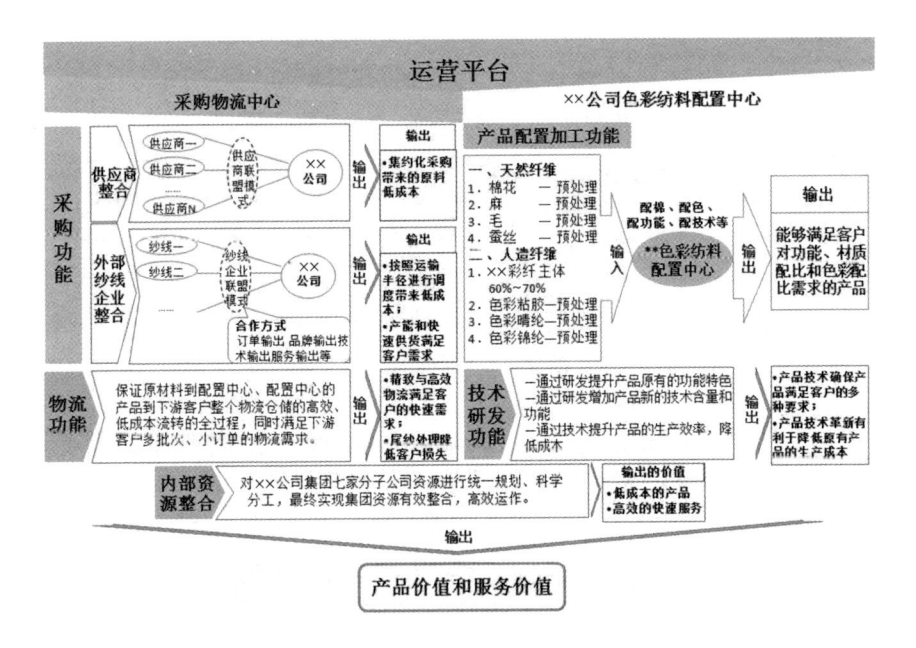

图 7-13 该公司匹配中心商业模式

服装企业等。

渠道通路：区域内以运营中心作为服务中心，进行对联盟客户的服务支持。

客户关系管理：客户关系管理采取联盟制和会员制。联盟模式是指公司通过市场信息共享、下游客户订单等吸附手段，同部分纱线企业致力于共同开发产品、共同开发客户、在配置中心的平台上进行生产调剂的商业合作模式。双方具备共同的经营理念，双方资源充分共享，共同应对市场竞争。会员模式是指公司通过市场信息共享、流行色彩发布、环保理念、技术应用等吸附手段，同纱线企业以下的产业链成员建立的以纺织色彩和环保为核心的互动合作模式。该模式的核心是双方理念的沟通和一致性，共同促进平台的运营。联盟模式和会员模式的定位示意图如图 7-14 所示：

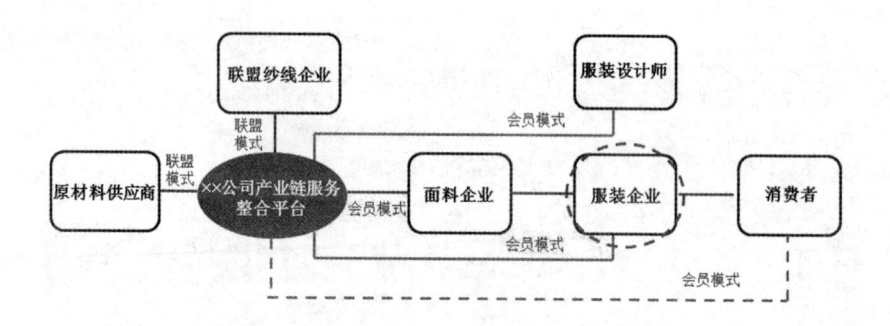

图7-14　联盟模式和会员模式定位示意图

（2）营销平台和信息化平台组成的运营平台是商业模式的关键支撑（见图7-15）。

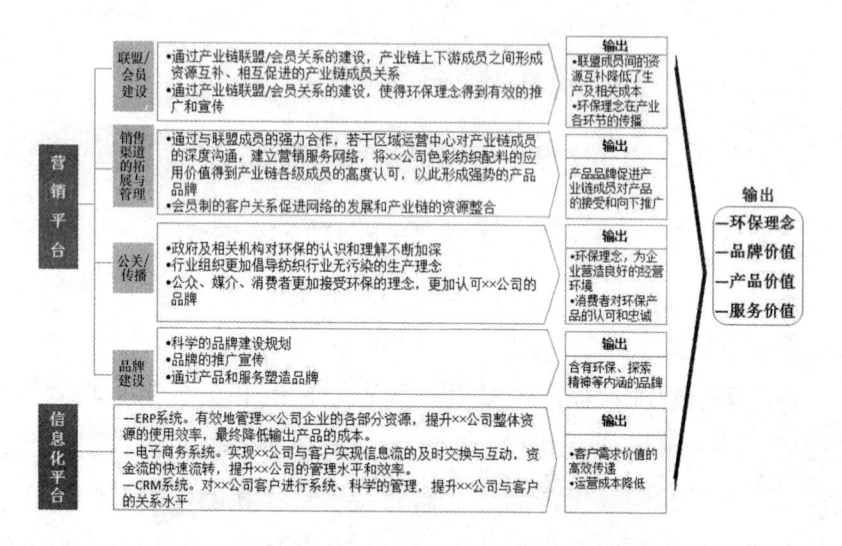

图7-15　运用平台下的营销平台和信息化平台

（3）四大价值作为核心驱动通透产业链。

通过运营、营销和信息平台的搭建完善产业链服务整合平台，平台职能提供的价值凝聚成通透产业链的四大驱动力：产品驱动力、服务驱动力、理念驱动力和品牌驱动力。

公司通过"四力"整合从纱线到布料、服装等各级成员的营销资源，直到消费者对无污染色纺产品产生认可和忠诚，最终解决公司新商业模式"通透产业链"的核心问题。

①产品驱动力。

- 产品在材质、功能和色彩上能够满足客户的需求。
- 产品丰富性能够促进客户的新产品开发，支持客户开发差异化的产品。
- 产品的低价格帮助客户降低生产成本，提高市场竞争力。

②服务驱动力。

- 尾纱的售后服务处理减少客户的损失。
- 对客户的技术应用指导增加客户产品的差异性。
- 与客户进行营销、管理等的经验交流，促进客户运营与市场管理能力的提升，市场竞争实力增强。
- 印染工艺的去除促进整体产业的快速反应机制。

③理念驱动力。

- 加大环保理念的公关与传播，为纺织行业的经营营造良好的运营环境，促进政府对纺织行业的大力支持。
- 引导产业链成员关注环保，担负环保先锋，推广环保产品。
- 战略联盟、互惠双赢的客户关系管理，促进整体产业企业的发展。

④品牌驱动力

- 以产品价值和服务价值为基石形成产品品牌，提升客户的信任度。
- 以环保理念认同为基石，形成下游客户对客户的认同。
- 双向推拉形成对客户的双层双级促动。

（4）八大路径形成公司的完善盈利模式（见图7-16）。

商业模式的力量 >>>

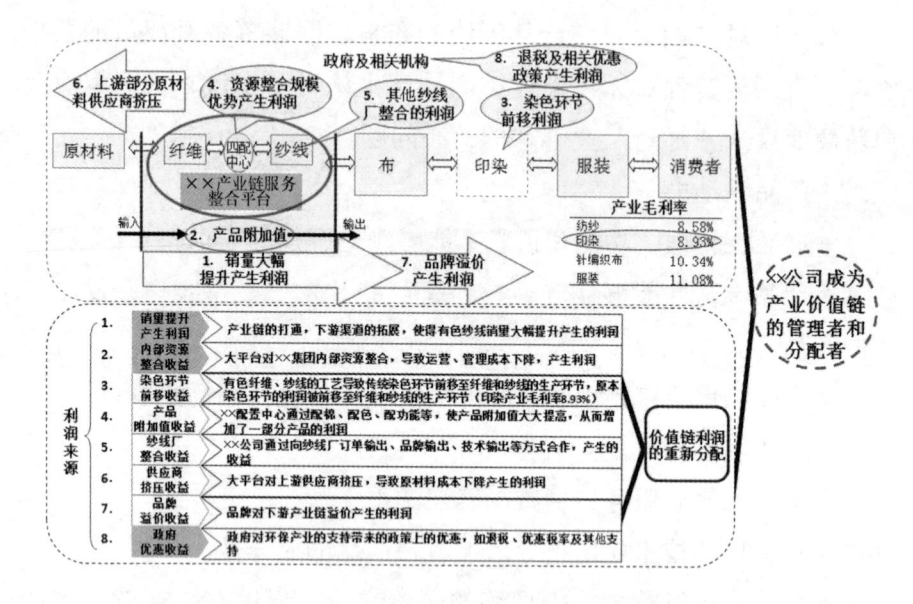

图 7-16 八大路径完善盈利模式示意图

3. 案例成果

（1）完成了商业模式创新的八大目标（见图 7-17）。

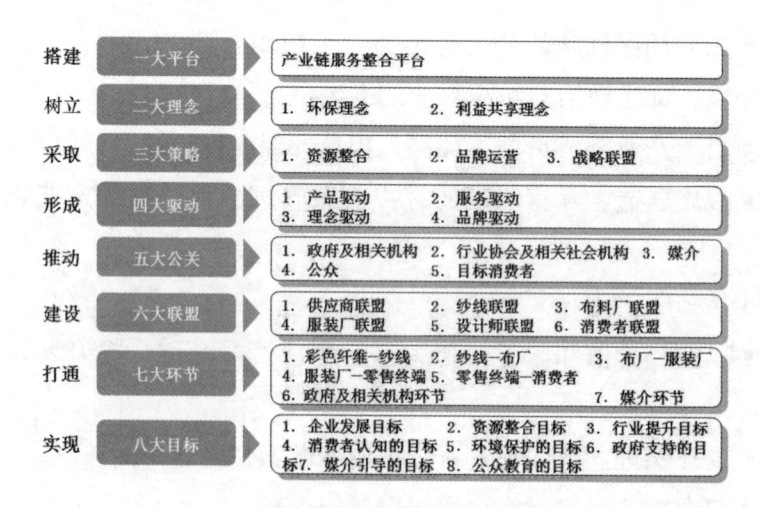

图 7-17

（2）广州样板运营中心的有效运营

广州分中心应该具备以下能力。

①产品规划能力：根据市场的需求，及时调整自己的产品机构，对产品具有一定的规划能力。

②客户开发能力：目标消费群的定位和信息了解、整理和分析，并与客户进行沟通和洽谈。

③渠道分销能力：能够根据产品的特点，进行分行业的渠道销售规划。

④物流和运输能力：有能力为客户提供仓储和物流服务。

⑤资金承受能力：如果作为独立的商业运营利润中心，分中心应该具备资金周转的承受能力，现金流量能够满足生产厂商需要的资金周转、消费者客户需要的合理库存占用等。

⑥客情管理能力：分中心必须维持和相关客户的关系运作，确保合作关系的延续性、维持营销职能的效益和效能，能够和更多的客户形成战略联盟甚至利益同盟。

⑦整合传播能力：能够根据竞争状况的发展需求，针对区域内不同的消费群进行适应性、针对性、时效性均较强的促销、传播、公关等整合传播的能力。

⑧营销推介能力：分中心应该有完善的组织架构，人员具有强势的产品推介能力，展销中心具有强势的单店营销能力。

⑨经营管理能力：分中心完善的管理体系的运作，能够持续提升应对市场竞争和客户需求的反应机制，更大限度地满足市场与消费群的需求。

⑩样板带动能力：广州样板市场和区域成功的运作经验，能够被其他区域所辐射，利用广州的地缘优势，起到榜样的作用；同时对公司的体制完善形成推动作用。

一般而言，区域分中心职能结构如图7-18所示。

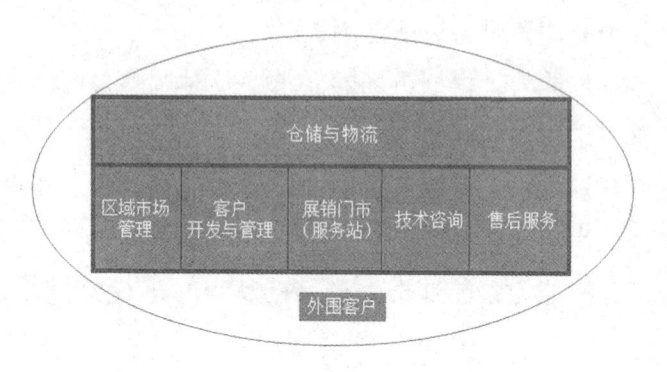

```
         ┌─────────────────────────────────────┐
         │           仓储与物流                  │
         ├──────┬──────┬──────┬──────┬────────┤
         │区域市场│客户  │展销门市│技术咨询│售后服务│
         │管理  │开发与│（服务站）│      │        │
         │      │管理  │      │      │        │
         └──────┴──────┴──┬───┴──────┴────────┘
                       │外围客户│
                       └───────┘
```

图7-18 区域分中心职能结构图

四个阶段引爆广州市场。

第一阶段：准备阶段。

主要工作内容：营销支持工具库的设计、产品的规划与设计、总体营销策略的确定、广州区域分中心的场地租赁与布置、展示产品的制作等工作。

第二阶段：区域分中心成立与试运营阶段。

主要工作内容：成立工作就绪、人员的招聘与培训、客户信息资料的收集整理、营销策略的制定、营销业务的开展。

第三阶段：销售起爆阶段。

主要工作内容：利用流行色发布、新产品上市或者新闻发布等针对目标客户群体进行传播和公关，配合以地面的推广活动，引爆广州市场的销售增长。

第四阶段：市场拓展阶段。

主要工作内容：对广州市场的经验进行总结，在广州市场细化分子行业进行拓展；同时通过经验交流会等形式，将经验向有条件成立区域分中心的其他市场进行推广；完善服务中心的职能与管理的规范性。

(3) 销量和利润。

半年之后，广州市场实现了占企业40%以上的销售，采取的方式为经销商在厂家支持和指导之下的运作，经销商反映其盈利能力较之前增加了一倍有余。

为更好地将商业模式创新落地，笔者从咨询团队中派驻一人到该企业任职营销总经理，进行该模式的全国性提炼、复制与落地。在两年之后，该企业的全部库存清理完毕，现已经实现了供产销协同发展，企业的经营目标年年完成。

4. 案例总结

1、资源整合路径不仅仅限于生产原材料或者供应伙伴的整合，还包括下游客户资源、最终客户资源、行业协会等的资源整合。

该案例就是一个对这些资源进行全面整合的典型：上游对棉、毛等供应商进行了整合，填充了产品驱动力；内部对技术、产品、物流等进行整合，提升了经营能力；对外进行了行业协会、流行色协会、各阶段设计师等的资源整合，形成了营销的基本工具和造势工具，强化了品牌吸引力；对下游则通过品牌营销进行了战略同盟和会员俱乐部的整合，强化了营销吸引力。

由此形成了企业商业模式运营的四大驱动，也是通透产业价值链的四大驱动力。

(2) 平台体系的建设是商业模式的基础性支撑。

强势平台体系的建设关系到企业对价值链的掌控，关系到整合中的话语权，决定了企业成为产业链价值的分配者和掌控者，是商业模式成功的关键因素，同时也是形成商业模式八大盈利路径的核心，更是企业核心竞争力的体现。

(3) 商业模式不是一招鲜，它反映的是企业运营的商业逻辑，只有企业在该模式的引领下，能够持之以恒地细化、运作下去，方是企业常青的正途。

商业模式在企业根据实际情况进行规划后，要经过市场的淬炼和修正，然后开始全国市场的复制，再经过几年时间的坚持，最终才能支撑企业运营绩效目标的达成。所以说，商业模式是企业运营的纲领，而实效长期的运营是成功的根基；商业模式是号召，而运营是执行；商业模式走的是"面子"工程，而绩效化的运营方是"里子"工程。

第六节　关键业务优化案例解析

1. 案例回放

某集团公司拥有员工 30 万人，销售额年度却不到千亿，盈利不到 2 亿元，如果国家不补贴，亏损是必然。在初期，企业老总认为企业的管理流程出现了问题，然而笔者带领团队进行初步调研后，却对老总的观点产生了动摇。为什么呢？我们看下面的调研。

经调研发现：

（1）业务内容庞杂。

该企业共有 40 多个业务单元，独立核算的机构超过了 100 家，可以说是一个多元化的企业。其属下有种植基地 33 处，有原粮销售公司、粮食精加工、粮食销售公司、贸易公司、农药销售公司、化肥销售公司、育种中心、农业研究所，有控股的区域性商业银行，有信托投资、家政服务公司和房地产公司等。

（2）经营单元的增加过程是渗透性增长的过程。

其最初只是一个粮食加工企业，那么这些企业都是怎么产生的呢？

为了粮食收购事宜，所以增加了基地种植。

为了销售，所以在全国各地开设了7家区域性销售公司。

后为了地方政府的优惠政策，所以在各地销售公司的基础上，增加了生产，于是区域销售公司变成了产销一体化子公司。

为了解决物流问题，后通过合资等进行了粮食物流产业园的建设，目前已有8家。

为了打通种植、生产、销售、物流产业园服务等整个产业链条，为增加产品的科技含量及生产产能，所以增加了育种和农业研究院。

在上述内容均增加后，为给种植户提供资金和为客户提供供应链金融等，增加了控股商业银行和信托业务，现在这些银行机构还提供对外的服务。

为解决农民种植的问题，所以建立起了农药和化肥的销售公司，目前正在收购当地的生产性企业。

为解决员工的住房问题，所以成立了房地产公司；为更好地服务居民，所以又增加了物业公司和家政服务公司等。

因为政府建议其进行奶业的生产，又形成了一条完整的奶业产业链。

目前又有了一条油脂生产和销售的运营产业链。

（3）盈利能力弱是因为模式不清。

该企业原本定位于农业产业化集团性企业，原本进行的各项业务多是国家政策支持、地方政府扶持、市场需求和消费者欢迎的产业，但为什么盈利能力还是较弱呢？

笔者分析发现，原因就出在商业模式整合不力上，问题表现主要如下：

①各业务单元独立运作但割裂明显。

企业为做大，认为只要能够做的就做，企业做大了，但却做亏了。业务单元之间割裂明显，各做各的，缺乏内部的业务关联交易激励机制。因为缺少内部客户的管理机制，所以各业务单元之间因为认为是一个企业的，对质量要求不严格，造成部分业务单元考虑到自己外部客户对质量的要求，所以宁愿从外部进行高价采购，也不进行内部的关联交易式采购，如此不但造成了高成本，而且财务费用总体较高。

②因为各业务单元的相对割裂，后勤机构庞杂。

经营单元不管业绩大小，均是财务、审计、党委、办公室、人力资源、行政、市场部、销售总部和各区域销售分支机构健全。后经过总体的统计，集团所有的后勤管理人员占全员的比例高达26%，远远超过了常规企业不超过8%的比例，所以其人均绩效低下，盈利能力较低。

2. 提升方案

（1）商业模式优化设计提升各业务单元对外营收能力。

首先对全部的经营单元的班子成员进行商业模式基本理论和实践性操作的培训，在沙盘演练式培训后，将现有的各经营单元的客户进行详细划分和扩张。

如大米销售环节增加了连锁加盟体系和高端米的商务会所的销售模式。

加盟连锁体系整合了区域内的土特产和大米、原粮等厨房主食，以健康厨房的概念进行全国性的加盟连锁，在整合区域内优质资源，得到政府支持政策的同时，又整合了很多的社区粮油店。如此在增加销售量的同时，也提升了企业品牌资产，加盟连锁体系成了企业的产品展销平台。

高端米的商务会所模式即建立高端会所，打造成为高端人群，特别是政务和商务人士的聚会场所，以高端米和基地订制为媒介，既完成了高端米的销售渠道建设，同时这些高端人士所带来的商务资源也很容易成为企业潜在客户和潜在投资者。

通过该商业模式的全新设计后，对外的客户和渠道、客户关系管理方面有了全面的提升，营收路径拓宽。在本案结束后的半年时间中，该企业40多家的经营单元中，有超过80%的经营主体销售业绩的增长率均在行业增长率之上。

（2）商业模式完善设计提升各业务单元盈利能力。

在全部商业模式进行优化后，又进行了商业模式的完善设计。该模式除严格按照前述章节中的理论架构进行完善设计外，另一个重点就是进行后勤管理体制的压缩，对各自的商业模式进行了全面的整理。

如大米销售环节中的粮食物流产业园，不再是单一的粮食物流，而是能够提供下游客户所需要的粮食信息、粮食交易、粮食物流和商务服务等的一体化系统解决平台。

另在生产环节，原先不能集中进行的稻壳发电，对原粮收储厂和集中加工厂的分类后，稻壳发电变得可行。仅此一项，全能力生产后，即可为集团增加4个亿的财政政策性支持。

（3）商业模式整合设计提升整体的运作能力。

全部的商业模式按照产业价值链的基本原理进行整合，整合的过程中以资金链平台、运营平台和营销平台的三大平台建设为基础。

如所有的农资、农药和化肥，建立统一的农资采购和物流中心，以农业研究院、各地技术所和技术服务站的架构体系进行销售网络系统的全新梳理，这样做就将种子、化肥、农药三大销售体统合为一体，大量节约了物流成本，也减少了该套系统内人员的编制。仅此一项，减少了4000人的编制。

在销售环节，将原先的区域产销一体化的子公司全部转化成粮食物流产业园的一部分，即生产厂成为物流产业园的加工厂，扩大客户量和生产量；销售部门变成物流产业园的销售分支管理部门；而区域子公司的物流运输全部由物流产业园的物流部门来承担，这样在进行专业化提升的同时，也减少了中高管理层人员的编制。

（4）商业模式创新设计提升后台运营绩效。

为进一步减少后勤管理人员的编制，对部分可以公用的职能部门进行内部人员的精简，提升集团的管理和服务职能。

在人力资源部门方面，成立人力资源管理公司，对公司内所需要的人力资源提供招聘外包、培训外包和薪酬管理体系优化、合同的统一化管理和社会福利的统一缴纳等服务。在各经营单元中，仅保留部分的人力资源规划、基本信息登录、绩效考核、劳动纪律考核等职能。

在财务方面，成立财务管理公司，对公司战略性项目进行财务体系的统一管理，对下属业务单元进行供应链金融服务，对现金流统一管控和内部关联交易的统一核算等，而在各业务单元中保留现金管理和基本的财务成本核算等。

在审计方面，成立独立的财务审计公司，对公司内的重大项目、重要领导人进行财务审计，而各业务单元的审计仅负责下属业务单元的财务监控。

（5）战略绩效管理提升业务单元的运营绩效。

在上述商业模式的转型设计完成后，集团共计减少了20多个独立核算机构。所以对精简后的80多家经营主体，进行战略绩效的管理至关重要。

战略绩效管理的内容主要如图7-19所示。

①战略地图的制定，给每个经营主体围绕财务、客户、运营管

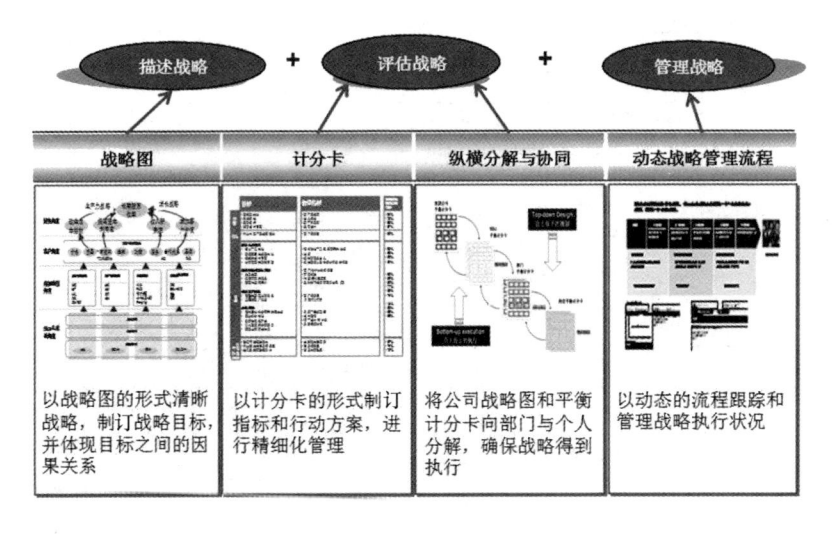

图 7-19 战略绩效管理架构图

理、学习和成长四个维度进行战略地图的描绘；

②以平衡计分卡的形式进行考核指标的制定和行动计划的制订。

③对关键领导人、部门管理者和全体的执行者进行职能与职责的细分，并制定详尽的考核指标，完成战略地图和平衡计分卡向部门之间、人员之间的纵向和横向的分解以促进协同。

④以战略绩效管理为指导进行战略计划实施和关键流程管理的动态优化。

（6）优化流程提升运营效率。

在商业模式进行转型设计完成后，战略绩效管理成为商业模式转型实施的激励平台，流程再造成为实施落地的有力促进。为此按照价值链的价值转移原理，对流程体系首先以流程树的逻辑方法论进行流程架构的全新整合（见图 7-20），分别按照 ESIA 法：

①清除（eliminate）：运用"5W1H"查问，思考哪些手续可以清除掉不要。

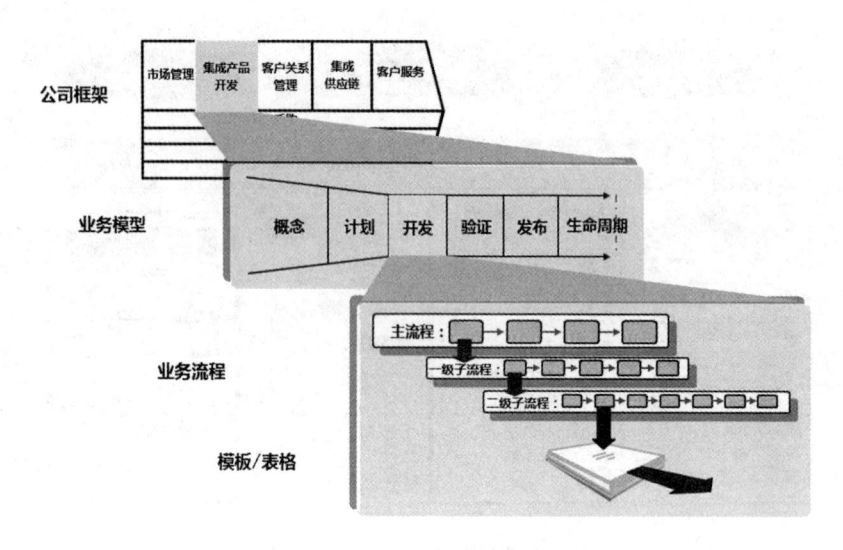

图 7-20 流程树逻辑分解示意图

②简化（simply）：经过上面的清除以后，思考手续是否最简单，达到最好的效果，能否再简化。

③整合（integrate）：流程中的各项手续，同样运用"5W1H"法，思考哪些手续可否合并。

④自动化（automate）：流程中的各项手续，看能否通过自动化、信息化手段解决，能否通过 TPM 法（流程目标、流程关键点和实现流程的方法）、价值优化法和时间标记法等分别进行流程的再造性设计。

流程再造中始终关注五大因素：风险（R）降低、质量（Q）提升、成本（C）降低、进度（T）加快、数量（A）可控。

（7）企业大学的建立提升全员个人软实力。

人是企业制胜的最核心因素，针对该企业的多层次、多元化的企业治理结构和人力资源管理要求，首先需要建立起总部人力资源管理平台和下属子公司/分公司/事业部层级的人力资源管理平台，如图 7-21 所示：

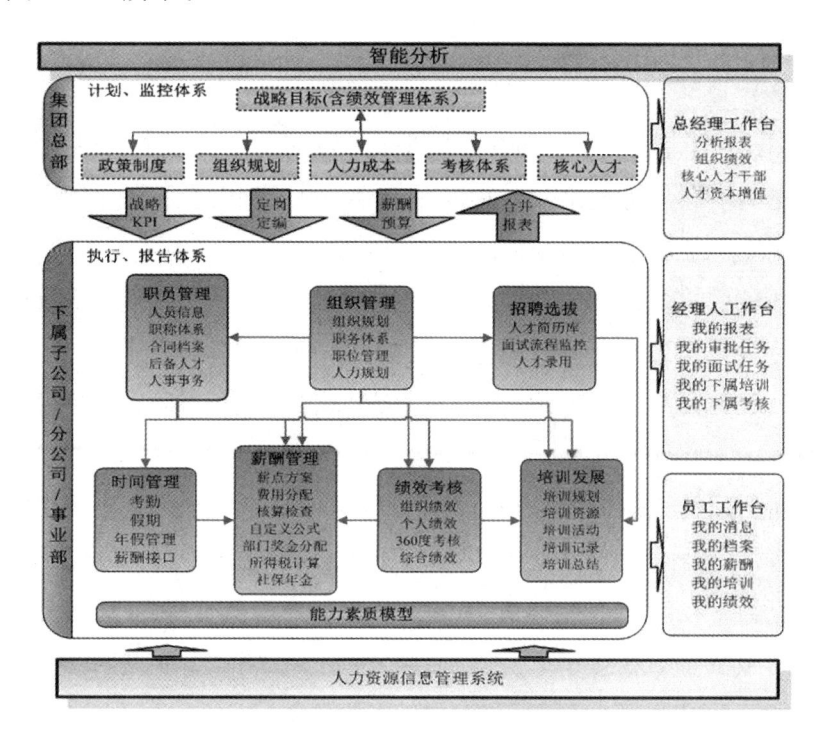

图 7-21　人力资源管理系统

其次在人力资源管理部门进行三个层级人员的培训体系建设。经营主体总经理和财务负责人及其以上级别进行的主要是组织学、心理学、战略、管控、商业模式、人力资源管理、财务管控、拓展性团队组建等 EMBA 课程体系的学习以及国学教育；中层主要是进行战略管理、绩效管理、高绩效团队搭建、组织、流程优化、商业模式、渠道、产品规划、品牌规划等实效管理型的培训，以及心理学、管理学、国学等的培训；而基层的执行层次更多的是进行心态修炼、图表设计、流程优化、执行力、沟通，以及具体的操作技能类的培训。该培训体系委托一家专业的咨询培训机构及大学合作完成。

3. 案例成果

(1) 业绩表现。

在经过笔者所带领团队的"培训+咨询+实操运营帮扶"服务下，先期培训与咨询半年，后实操运营帮扶半年之后，该企业的整体面貌发生了非常大的变化。

据最后的统计，核损单元从104个降低到82个，前期缩减下来的6万多人，80%充实到销售、采购、业务拓展等一线作业中去了，只有1.2万人左右因为确实不能适应公司的发展，所以才进行了再就业。

而公司的总体绩效，在进行变革的一年之内，销售量增长虽不到15%，但利润却从2亿元左右增加到了15亿元左右；原先不见的广告也经常在电视上能够看得到，下游客户看到企业的发展变化也是群情激奋。不难想象，公司后续必定朝着更加健康的方向发展。

(2) 完成了商业模式架构性的全面整合。

首先该集团公司的业务单元按照行业性质分为粮食业务群、创新业务群（奶业和油脂）、金融业务群和服务业务群。其中粮食业务群是经营的核心和主体，其余均为配套（见图7-22）。

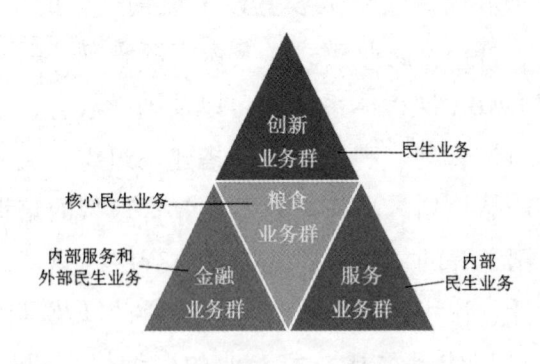

图7-22 企业业务单元示意图

各事业群的业务范围分别如下。

粮食业务群：农业研究院（下辖研究所和技术服务站，主体服务公司，也对外服务和技术转让等）、种植（育种、种业、农药、化肥、农机和其他农资）、采购和供应、原粮采购、原粮生产（还包括稻米油生产、稻壳发电）、物流（主产区、临港区和主销区物流产业园）、销售与营销服务。

金融业务群：下辖控股商业银行和信托公司，主要提供储贷业务、重大项目投融资和内部现金流结算业务。

服务业务群：主要进行内部民生的住房建设、社区物业服务和家政服务。

创新业务部：主要是依据非平整性土地进行的饲料性作物和油料性作物的种植、牛场、生产和销售，两者的销售环节合为一体。

由以上业务架构系统可以看出该公司的主营业务均是围绕"民生"来进行的。最初该企业负责人的目标为"资本化、国际化和产业化"，而在进行业务分析之后发现，企业应该在"民生"作为经营哲学的前提下进行相关业务单元的拓展。以通透稻米产业链为基础，而创新业务群负责土地种植资源的充分化利用的业绩增长性业务，金融业务群为前两者提供资金支持，服务业务群为内部员工提供民生服务以确保团队的稳定性。

（3）建立三级法人治理结构的管理体制。

以资本股权和利益分配权分立的模式作为机制激发经理人积极性。组织管理架构图如图7-23所示：

董事局直接管理各业务单元的董事会，各个集团层级中心总经理分别做财务公司、审计公司和人力资源服务公司的董事长。

下设四个业务群总裁，执行业务群内的业务管理工作，同时作为下属各业务单元的董事长。

商业模式的力量　>>>

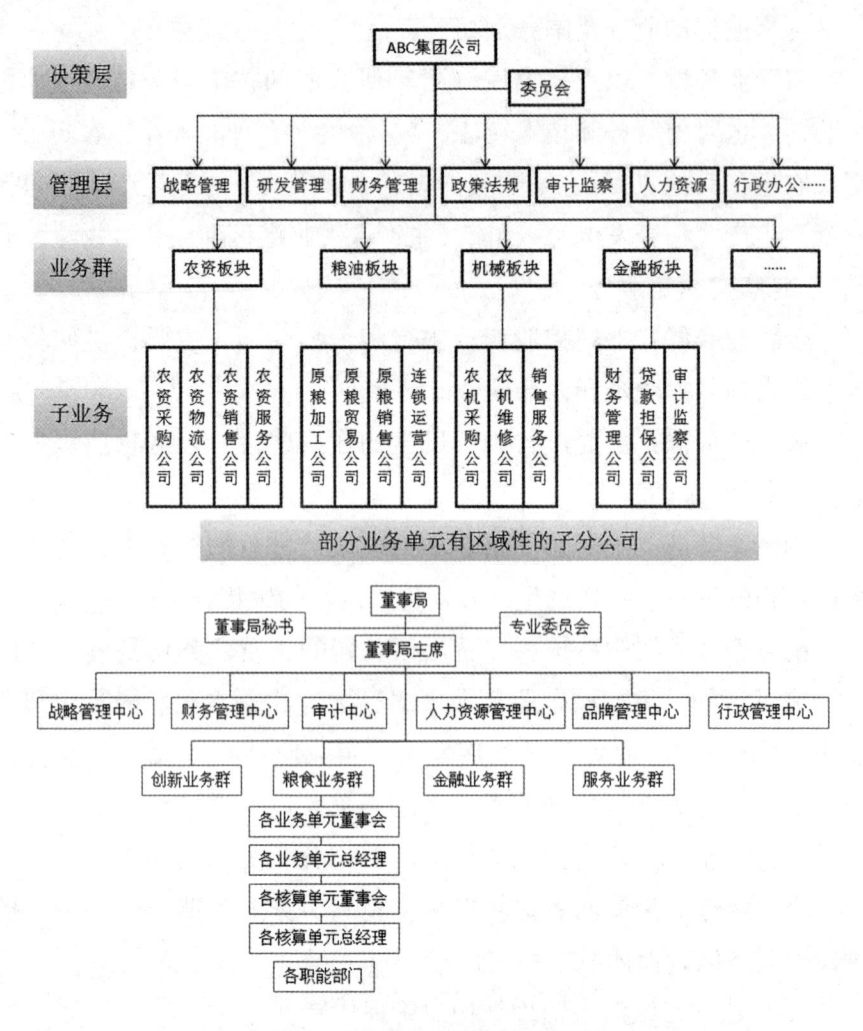

图 7–23　企业三级治理架构图

各业务单元的资本构成均为集团绝对控股，为激励管理团队，在利益分配机制上采取经营股权25%～30%的比例用于管理团队的利益分配，其余按照股权进行分配。

对于各核算单元同样成立董事会，利益分配权按照上述进行。

这样做的目的是，集团公司对所有的业务单元和核算经营主体上均在控股条件下进行经营股权的分配,在保障参股方利益的同时,也注重职业化经理人团队的积极性发挥。

(4)经营业绩的核算全部走内部客户化路线。

内部各核算单元在交易过程中以服务本集团内客户为主体,后再进行外部客户的开发、维护和合作。对于此集团给予内部采购给予1.1权重的业绩考核,大大激励各核算主体的内部关系,推动了集团内部的关联性交易。

如粮食物流产业园的业绩指标为50亿元,如其进行内部的零食物流业绩为40亿元,则算作44亿元,其只要在外部客户完成6亿元业绩,即视为完成指标。在最后的销售指标和利润指标核算中均将此内部关联交易部分产生的业绩和利润进行1.1倍权重进行核算,但财务报表仍然以实际为主,所有的关联交易均最后在集团层级进行核算,地方纳税则是以实际的经营进行纳税。内部客户化管理机制大大促进内部资源的横向整合,同时也在管理上进行了全面的激活。

(5)业绩指标以整合内部资源为目标,充分挖潜内部潜能。

这个需要从源头上开始做起,首先进行土地资源的盘整,以能够生产稻米的土地为基础,按照区域布局分别对收储厂数量、每个收储厂的业绩指标和加工厂数量、每个加工厂的业绩指标进行精细核算和布局。收储厂只负责原粮收储,在统一的供应链物流管理内对外进行原粮的销售。

而生产厂仍然分为两大类,小型的只进行收储、稻米油生产;而大型的则除进行收储、稻米油生产外,还将稻米油生产后的稻壳进行稻壳发电,这样确保所有稻米均能做到"吃干榨尽"。

对于不平整性土地,则按照土地的性质分别进行油料作物、杂粮作物和饲料作物的种植。与此对应的油脂生产、奶业生产和杂粮生产则根据此进行业绩和利润指标的考核。

至于后续的销售也是如此，如加盟连锁零售，则是按照供应量进行区域布局规划、单店营销推广等。目标是做到产出的粮油奶等产品只要生产出来就能够卖得出去，而市场的拓展则本着以产定销的原则进行。

只有在上述内容全部满足之后，在技术提升能力充分挖潜后才进行外部资源的整合。

（6）外围拓展以整体运营模式为载体。

在初期因为缺乏商业模式整合转型的思路，各项资源缺乏整合，所以大家都是自己做自己的，在进行完这些以商业模式为主线的咨询服务后，对外的市场拓展则以整合商业的模式进行整体的复制。这要求企业必须走得稳，在已经拥有千多亿元规模的基础，一定要先做强，再继续做大。这样发展下去，在每个省均如此进行农业产业化产业链升级的模式复制，必然会带来经济效应，更为国家农业产业化的探索提供一个非常好的产业链升级模式。

4. 案例总结

（1）对多元化、多层次、多产业、多商业模式的规模化企业来说，以商业模式的基本原理，洞察事物机理，形成层层关联、级级渗透、互为支撑、互为引领的"以始为终，以终为始"的辩证理论架构体系至关重要（见图7-24）。

在本案例中，按照这样的理论架构体系才能将商业模式的创新设计、优化设计、完善设计和整合有机地结合起来，真正地做到对企业整体发展的革命性变革。

（2）企业的商业模式整合与转型必须围绕企业的核心竞争力进行。

因为该企业是当地国有企业，一直得到国家和政府的强力支持，

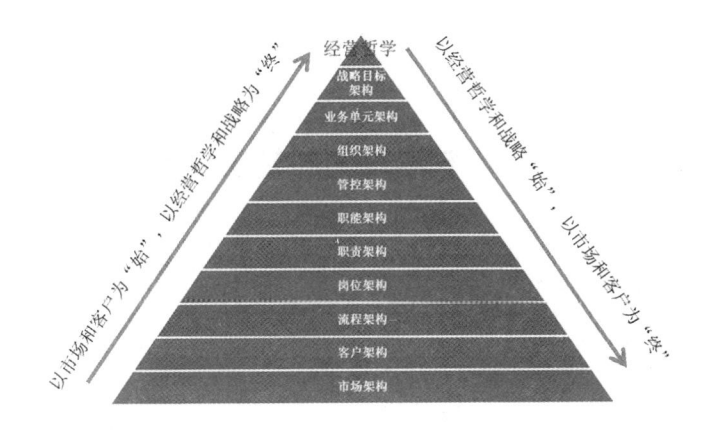

图 7-24 辩证理论架构体系

下面有着千万亩土地的资源，这在行业内当属垄断性资源，这可以说是企业的核心竞争力。将该核心竞争力发挥到极致，做强是非常有底气的，而只需要将整套的模式进行复制，必将成为做大的核心竞争力。

（3）企业在进行全面商业模式转型设计与应用过程中，一定要注意商业模式的设计、应用、检验和再次优化必须是一个立体的过程，该过程既要有前台的模式表现，更要有体系化的后台做支撑，即模式内涵部分。

在该案例中，以"民生"作为企业的经营哲学，以资源这一核心竞争力作为依托，而进行全面的商业模式转型以发挥资源优势的最大化，以面对市场和客户需求为目标的内部组织架构、管控架构、职能职责架构、岗位架构和流程架构体系的再造性优化，这些管理体系的整合成为企业的又一核心驱动。

（4）关键业务的优化提升需要找到依托点。

在该案例中，我们从土地种植资源的角度找到了关键业务的优化组合。也就是说关键业务的优化组合需要以核心竞争力为原点，进行资源的再次优化组合，如此才能得到关键业务优化的方案。

第七节　核心能力打造案例解析

　　商业模式成功的核心就是进行核心竞争力的打造，在上述资源整合案例及关键业务优化组合的案例中我们均得到了验证：资源整合需要从核心能力上进行；关键业务优化组合需要从核心能力上进行。其实在笔者以前进行如上商业模式优化的过程起始阶段，就已经将该思维路径融入其中了。

　　那如何从商业模式中分离出核心能力呢？我们仍然利用上述案例进行分析。

　　我们要明白什么是企业的核心能力。根据笔者多年的研究认为，企业的核心能力必须具有下述两大特点：

　　（1）对内具有领导力。

　　该要素成为企业经营要素的基础性组成部分，企业经营的其他要素均以该要素为起点和终点，也就是该基础要素具有企业经营要素的领导力，能够成为各要素之间的运营主线。

　　（2）对外具有竞争力。

　　该要素的贡献能力能够为外部竞争带来难以模仿或者难以追赶的竞争力。

　　那如何提炼企业的核心能力呢？我们仍然以上一节的案例，按照下述的步骤进行：

　　（1）将企业业务价值链进行列举，我们会找到核心业务链（见图7－25）。

　　从上我们不难发现：油脂业务和牛奶业务均是土地最大化基础

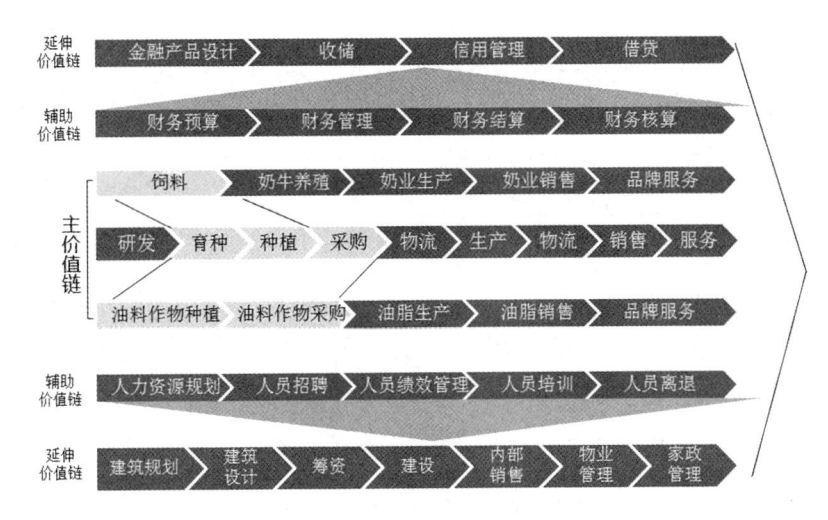

图 7-25 公司价值链逻辑图

上发展起来的业务单元；而金融产业和企业的财务管理息息相关，而房地产等服务更是为解决职工的生活而进行的业务开发。由此可见，稻米业务的发展是公司经营的核心业务。

（2）将价值链的各关键要素进行分析，我们会找到核心因素（见表 7-4）。

表 7-4 价值链的关键要素

	研发	育种	种植	采购	内物流	生产	外物流	销售	服务
研发	1	0	0	0	0	0	0	0	0
育种	2	1	0	0	0	0	0	0	0
种植	0	0	1	0	0	0	0	0	0
采购	0	0	2	1	0	0	0	0	0
内物流	0	0	2	2	1	0	0	0	0
生产	0	0	2	2	2	1	0	0	0
外物流	0	0	2	2	2	2	1	0	0
销售	2	0	2	2	2	2	2	1	0

续表

	研发	育种	种植	采购	内物流	生产	外物流	销售	服务
服务	0	0	2	1	1	2	2	2	1
合计	5	1	11	10	8	7	5	3	1

注："2"代表横向元素对纵向元素起决定作用；"1"代表作用不大；"0"代表负作用或者被作用。

由表7-4我们不难得出，种植在整个集团公司中起到关键的作用。

（3）通过核心因素的分析，我们会找到企业的核心竞争因素。

从内部的增长因素来看，种植的价值环节考评依据应该有质量、数量、时间和空间，在这几个考量因素中，时间和空间在一定程度上是固定的，而质量靠软性的管理来提升。如种子、农药和化肥决定了种植成果的质量；数量在一年一季或者两季的前提下，只能依靠单产和土地数量来进行支撑，而在所有的因素之中，只有"土地"是我们在阶段性时间内难以控制的。如果有控制，在一定时间内，我们要改变总体的种植数量则需要其他的软件作为支撑。所以土地是该企业的内部核心竞争因素。

而对于外部竞争来说，这就是常理了，也就是只有"土地"是各竞争厂家进行竞争的根源。

所以通过上述的分析，我们发现只有"土地"在企业内部具有领导力，它决定了我们必须根据土地的空间概念（区域概念）的特点进行种植的研发、种子的采购、原粮的采购和物流、生产、销售与服务等，一切源于土地的数量、质量、物理空间的特征等。而对外，土地是关系国计民生的基础生存条件，谁拥有了土地的使用权，谁就掌控了整个生产链条的关键性环节。

所以在上一节的商业模式整合中，笔者会提出以土地所有作为核心竞争力进行商业模式的整合，待整合完毕后再进行业务价值链的整合，再进行商业模式的整合创新。待完善相关经营管理后，再将整体的运作模式作为可复制的模式，对外进行区域性市场的服务。

这个总体模式是什么模式？是现代大农业的运作模式！

同样对于单一商业模式的运作，我们也可以解析出其中的核心竞争能力。

如对第五节的资源整合案例来说，我们首先对商业的每个部分进行评估，评估标准有两个部分：其一是对内的领导力和价值转移力；其二是对外的竞争力，即难以模仿和跟随力。

评估内容如表7-5所示：

表7-5 评估内容

要素	重要伙伴	关键业务	核心能力	价值主张	渠道通路	客户关系	客户细分
描述	原材料伙伴、色彩供应伙伴	产品销售系统解决方案	系统解决方案为支撑的服务能力	环保理念产品技术服务	直营大客户销售	设计师同盟、会员制联盟制	纱线生产厂、面料生产厂
内部关系	系统服务能力间接决定重要伙伴	系统服务能力决定企业的关键业务	高效的内部运作能力助力资源整合	价值主张需要系统服务能力来支撑	系统服务能力成为渠道通路拓展的工具	系统服务能力成为客户关系维护和强化的纽带	系统服务能力成为客户需求的深层次需求
外部关系	他们具有选择合作客户的权力和空间	产品可以模仿和跟进；服务可以跟进	系统解决方案的学习和跟进有很大难度	品牌理念可以模仿	你会的别人也能学会	只要舍得花钱，关系均能搞定	客户在那，大家都能做

由上可以看出，以系统解决方案为核心的服务能力是该企业的核心竞争力。

那具体有哪些表现才能成为核心竞争力呢？这个需要如下几个支撑：

（1）系统解决方案的内涵。

解决方案要具备确实能够解决客户需求的能力，如客户需求的环保、质量和色彩等，要具备满足客户对质量、材质、色彩组合需求的技术支持，以及物流、信息、生产指导等服务等。

（2）系统解决方案的支付能力。

解决方案要有人、财、物的支撑，即要有具备掌握专业技术的人员，具备经营能力的人员和体制，具备服务能力的运作机制，具有支付实施的流程和管理等。

（3）系统解决方案的服务支出工具。

首先要让大家知道，要有网络平台、公关平台和宣传平台，让会员和联盟对象都知道，都乐意参加，要有整合流行色、流行面料行业协会的能力，得到政府的支持，所以宣传要放在第一位；其次要有让客户感知的工具，如标准色卡、面料卡等，让大家切实感觉到这样的系统解决方案能够给大家带来帮助；最后要有支付承诺的兑现，如物流管理、技术人员在行业中的认证、技术质量标准等。

据此总结：

（1）核心能力是商业模式中能够起到领导力的，具备对其他要素进行价值转移能力的核心竞争能力。

（2）核心能力要有体制、机制和流程的运作管理，要有对外传播平台和运营平台做支撑。

第八节 利润中心管理案例解析

1. 案例回放

10年前，某企业在全国各地设立了40多个分公司，这些公司中有销售公司，有生产公司，有产销一体化公司，而所有的公司均被要求只能开展集团业务，所以考核上也只有对公司业务的考核。

考核项目主要如下：销售公司按照销售量进行计提，生产公司按照生产量计提，产销一体化公司按照利润量计提。结果如何？

这些公司的经营者均将自己作为打工者，而不是企业的创业者和管理者，所以人浮于事。企业一直处于效益不佳的处境。

为什么会产生上述情况呢？

在10年前能够有魄力在全国各地设立分公司运作的企业不是非常多的，那时候最多的是设立办事处。该企业的分公司制设立确实有着其先进性。但仔细分析笔者发现：

（1）销售分公司管理的客户有现代终端的直营，有区域市场的经销和代理客户，而在没有直营终端的区域实行的全部是经销和代理，这说明企业设立分公司仅为直营终端的需要。而其盈利模式呢？就是进销差价。分公司所缴纳的利税，一点也不少。

（2）生产性分公司基本上均设立在具有交通辐射能力的地方，本来该企业具有吸收大量福利人员的能力和资质，但其经营仍然按照正常企业来进行。生产任务的来源呢？主要是看公司的任务单下达，对外发货呢？也是按照公司的要求进行。也就是说，公司就是将其作为单一的生产加工基地来看待的。

（3）产销一体化的分公司呢？从体制上看，总经理下属生产副总和销售副总及财务总监各一人,大家各负其责,但也综合了前两者的优点和缺点。优点是维持了公司经营的基本体制健全,缺点是重复性的岗位、重复性的人员较多。如财务,他们只负责产销体制内的财务公司,对于销售分公司的财务仍然是公司直接管理,各项审计公司仍然是由总部进行主要分区性的管理,各项费用报表和表单凭证等也是由公司进行统一审核和备案等。

(4)从总体的管理上来看,在企业产业布局是典型的"销地产和产地销"综合体。在运营体制上,又是典型的"联采分销和分采联销"运营体制。本来这无可厚非,但所有的管理内容均需要公司直接扁平到40多家的分公司就有点困难了。

为解决运营效率的问题,集团进行了ERP软件系统的应用,但固定化的运营模式解决不了企业周转效率低下的问题。

(5)从竞争性的角度看企业的各级执行者。因为均是以执行者自居,所以积极性均不是太高,因为大家不论如何做,基本上就是基本工资加提成额,而对于提成额又有上限。

因为上述原因,公司在销售额超过15亿元的前提下,盈利能力却不到8000万元,而在同行业内,正常的盈利水平是12%~15%。可见,先进的管理模式和体系因为没有先进的运作大思路而导致了经营利润率的下降。

2. 提升方案

(1)改变产销布局。

改变产销布局,特别是生产厂的配套布局,做大具有物流辐射能力和福利政策的生产厂,关停小型的又没有福利政策的生产厂,进行转移。

(2)管理体系再定位。

公司整体上实行总部、子公司和分公司制,其角色定位分别如下：总部作为总体的管控中心，子公司为区域的管理中心，分公司为区域的销售运营中心。其职能和定位、分工分别如下。

分公司：只具有销售功能，其负责的业务范围为现代终端的直营和大客户销售，以及所属区域内的经销商拓展和管理。但经销商板块的业务现金流和物流直接在子公司进行。

子公司：为产销一体化的公司，销售对象为所在区域内的经销商体系，生产主要满足所属区域内的销售需要。而经营商全部转型为福利性质的企业，这样做的目的主要为福利退费和退税，部分的企业争取地方的招商引资型的五年减半政策。在人员设置上，实行精简原则，如果是偏向市场型的，则仅设置生产副总，销售工作由总经理直接负责；如果是偏向生产型的，则仅设置销售副总，生产由其直接负责。在职能上，财务总监直接管理大区域内各销售分公司的财务经理。

总部：为统筹管控中心，除研究总体的布局外，实行市场品牌工作一体化的管理，直接管理到分公司层级，物流工作除进行子公司物流的专业指导外，对子公司之间的物流体系进行统筹运作，以进行统一采购原材料的统筹发运和成品在各区域间的补差协同。另外，财务对各子分公司实行的职能主要是审计监察。

由此，三者的职能定位就非常清晰了：分公司为执行中心，子公司为管理中心，而集团为战略管控中心。职能划分如表7-6所示：

表7-6 总部、子公司与分公司的职能划分表

职能	总部	子公司	分公司
角色定位	管控中心	管理中心	执行中心

续表

职能	总部	子公司	分公司
战略管理	产销布局决策	依据产能进行销售网络布局 依据销售进行产能匹配	销售与市场的落地
财务管理	大的利润中心 报表统一 审计中心	区域核算机构； 区域内的现金统筹管理，区域内的利润中心	收支两条线 利润中心
人力资源	对分公司总经理及以上层级人员的招用育留权 统一培训	对部门主管以下人员的决策权和直接下属的任用建议权	销售与市场一线人员的招用育留
品牌管理	统一广告传播规划和宣传工具的规划、设计、制作和应用监控	负责渠道促销的区域性统一规划和实施	负责终端促销的设计，在子公司审批后实施
采购管理	原辅材料统一采购	辅助材料在集团指导下进行招标采购	
生产管理	生产布局，主导技术变革	技术改造	
物流管理	采购物流管理 子公司间的产品调运	负责区域内的销售物流	负责直营终端的销售物流
销售管理	销售模式研究与培训	落地直营策略 经销商订单管理和满足	直营终端 区域内经销商管理
售后服务	统一热线后的售后服务职能分解	区域内售后服务管理	售后服务实施

（3）组织架构优化。

为将上述的角色定位落地，建立三层级的"垂直性的行政管理，直线式的专业管理"类矩阵管理架构非常必要（见图7-26）。

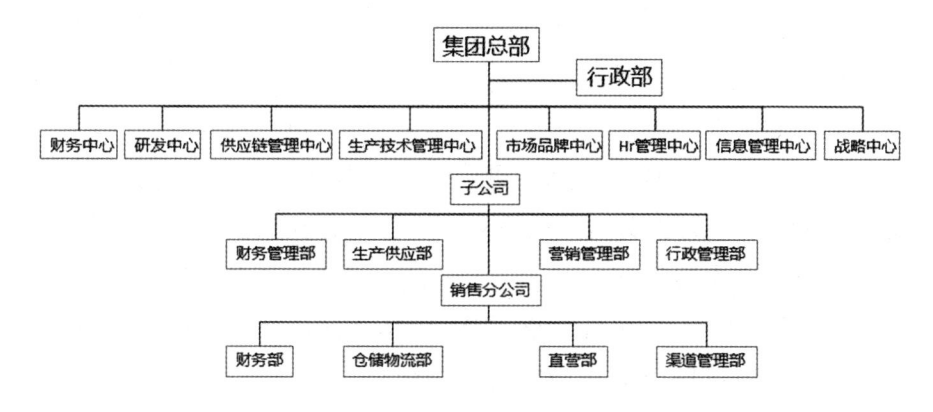

图 7-26　三层级的矩阵管理架构

集团总部实行一部八中心制，子分公司均实行四部制。

（4）激励体制变革。

激励管理体系是企业运营的驱动因素。在所有的子分公司体制下，全部的经营主体均是集团全资控股，所以实行的激励机制主要包括：

职业经理人制：所有人员按照内部薪酬绩效管理机制实行基本工资和绩效工资分级分等的宽幅薪酬制度。

经营股权制：除薪酬绩效之外，销售分公司管理层有着销售分公司形成利润的30%分红权；而对于子公司，子公司的管理层也同样有着子公司利润30%的分红权。

这样做的目的是：基本工资保障大家的生活；绩效工资激励大家将工作做好；而经营股权更是能够将优秀经营管理人才留得住。

（5）企业经营利润来源的挖潜。

上述的一系列变革均是为了增加经营利润，那又是通过什么来获得增加的呢？

对于分公司：直营部分，产品与子公司实行结算价，对直营终端进行代理操作,而将结算价格定在合理的范围之内;而对于经销商管理部分,则作为业务办事机构,物流和现金流直接与子公司进行,这样费用走分公司,分公司只获取销售额的佣金。内部进行结算,是为使分公司的进项税额和销项税额保持在合理范围;而经销商部分的销售不走账分公司,而费用经过分公司也是出自自身考虑,可提升整体公司的盈利能力。

对于子公司:原材料走集团公司采购的内部结算价,作为福利性企业本身就可以得到当地政府的返税返利政策支持,以及区域政府投资优惠政策等的支持,集团整体的盈利能力来说也是增加的。

对于集团:原材料的内部结算价保证了集团的利润预留,该部分除作为集团费用(含品牌费用)外,其余均是利税部分。

从上可以看出,公司总体盈利能力的增加主要是通过内部结算价格的调控来进行的。至于多与少的问题,主要看各地方政府给予的政策性支持力度了。确保各经营主体的毛利差额与政府支持力度的一致性是企业盈利的根本。

3. 方案成果

(1)通过对三级经营主体的全新角色定位,优化了企业的组织架构、职能架构、管控体系和流程运作系统,更主要的是通过类矩阵的管理体系,促进企业行政管理的垂直性和职能业务管理水平化,两方面均得到了高效的执行和信息反馈。

(2)实行管理层宽幅薪酬绩效和经营股权制,有效促进了管理人员的职业化发展和管理能力提升。

薪酬绩效促进销售业绩的增长;股权激励促进这些管理人员积极挖掘市场潜力和节约成本,这是企业盈利能力增加的本源。

(3)内部结算机制高效提升了企业应对政府政策的灵活性。

将经营利润留在政策最优惠的环节是企业经营灵活性的表现和

结果。

4. 案例总结

（1）要想通过商业模式变革实现利润增加，不仅需要从外部因素进行思考，还需要考虑内部的经营因素。

如从客户细分的角度可以获得销售额与毛利的结构化增长；从渠道通路上获得结构性的增长；从供应伙伴的低价供应等获得低成本等。我们将价值增值部分分解到公司经营的每个环节上，利用其中的"价值—成本"匹配策略，实现价值最大化。

（2）商业模式的前提是利益要先"分"，盈利才能"合"。

本案例的分组织、分职能、分职责、分利益的最后结果，就是将利润最大化地留在公司。

第九节　全面成本管理案例解析

1. 案例回放

某原粮销售型企业有20多家的收储厂，由于各个厂的固定资产不同，而原粮的收购价格受到区域、原粮品种、水分含量、质量等因素的影响，所以采购价格不同。同时市场的销售价格又受到时间、客户需求等因素的影响，变动范围又非常大，所以对于盈利难以控制。

初期，企业按照单一收储厂进行利润考核。但由于上述环节的难以控制，所以最后的利润无法掌控，规模也难以保证。所以在整体的竞争中呈现出逐渐颓废的迹象。

（1）上述原因和因素是客观存在的，但任由下面各分厂进行自由操作，则很难掌控。

笔者在调研中发现一个非常有趣的现象，那就是公司为控制成本，每个分厂员工的收入均非常低，厂长也就每年3万元左右。那为什么还在做呢，难道都在为公司做奉献？

我对采购各环节进行调研后，终于发现了其中的"猫腻"。那就是各厂合作起来，采购原粮时高水分报低水分，这样给供应客户提高了采购价格；入库的数量问题就低不就高，这样变相增加了采购价格；采购原粮没有按照质量层次、价格层次、水分层级进行分库位入库，而经常是低价粮入高价库，而高价粮单一入库单一高价卖；原粮库推延整修以给库粮混放找理由等。

（2）公司内部缺少必要的监控，导致给了各厂经营管理者以投机专营的机会。

原粮采购标准、出入库标准、价格机制等均缺少，即使有，若监控不到位，也只能是落在纸面上，这些因素均是各经营管理者不正常经营的土壤和空气。

（3）企业的整体盈利能力低。

在上述经营环境之下，大家为了自己的营收，脑中想的主要是如何"钻空子"，所以对成本的控制毫不在意。对公司给予的政策则抱持采取不用白不用、用了也白用的心态，最后即使亏损了，大不了就是年后走人，本着"当一天和尚撞一天钟"的心态工作，所以成本控制措施严重缺乏。

2. 解决方案

接到这样的一个咨询项目，笔者着实是很苦恼的，因为看得出来，公司整体的风气不好，许多人员也不想因为公事而得罪私人。但新上任的企业负责人本着法规和道德的情怀，很想改变这种格局。后笔者给出了如下综合解决方案：

(1)"比质竞价"体系的贯彻。

仍然将每个收储厂作为经营的主体,但需要在集团层级建立"比质竞价"机制。该机制的内容如下:

①价格形成统一报表机制。

从集团层级进行价格报表的统一,产品的销售价格构成因素为原粮采购价格(原粮的基本采购价格,以信息系统进行反映,要素包括供货人、数量、质量、水分、品种、议价价格、金额等)、加工成本价格(包括固定资产折旧、人员工资、加工用电、用水、设备维修等)、产品销售价格(销售费用、财务费用、目标利润等),价格机制示意图如图7-27所示:

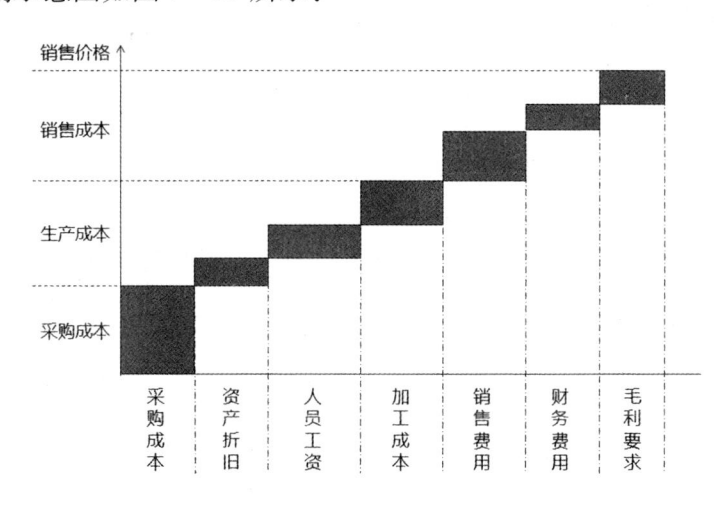

图7-27 价格机制示意图

因为其中只有资产折旧是客观存在的,其余各成本费用的构成要素均以原粮为基点,正常均是按照比例来进行的。所以根据往年的历史数据,对每个收储厂来说都基本上是固定的,或者是微小的变动范围。所以只要有了原粮的采购数据,则最后的数据均能够直接显现。

②收购管理机制。

所有的原粮收购分为计划收购和市场收购。

计划收购是根据收储厂提供的原粮收购价格和质量报告，在计划内安排各收储厂进行原粮的收购。资金由集团统一划拨，专款专用，而销售也是由公司统一进行。

市场收购是指在收储厂接到客户订单后，必须在收到保证金之后公司再提供资金进行收购，这样确保"收得进、卖得出；有保证、有利润"。收储厂只有在上述情况下才能予以收购，否则发现一例处罚一例，公司也不提供任何的资金支持。

③销售管理机制。

对于所有的原粮收购，均按照原粮库进行产品的识别和成本核算，由集团统一进行，销售在集团"比质竞价"系统内进行客户订单的销售。

集团的统一销售本着三个原则进行：首先，是销售能够满足正常销售价格的产品；其次，销售能够满足保全成本的产品，即必须满足扣除毛利要求的产品，这样确保企业在经营过程中即使不挣钱，但不会亏钱，权当为员工谋取福利了；最后，才是只能满足部分资产折旧的产品销售，权当挣取部分的资产折旧费用，否则就净亏了。

另外，坚决不允许明显亏损产品的销售。计划采购产品的销售权全部收拢在公司；对市场计划部分，则严格遵循上述的原则。

（2）强化监控体系。

在"比质竞价"管控体系中，核心的内容是监控。为此，公司形成了如下管理体系：

首先，任何的原粮收购必须先提交申请报告，内容包括目前市场的产品质量和价格现状，拟收购数量、质量、需求的资金量、时间、产品存放仓库号等，集团审核后再决定是否同意收购。

其次，收购过程记录严格区分职责，在原粮收购中的采购员、检验员、过磅员、库管员、资金管理员全部将报表实行编码制，报表分开，分别采用独立系统在线上传集团。集团采用统一软件审批，将资金结算直接下发收储厂财务部，由财务部根据集团公司指令进行向原粮供应户的资金发放。

另外，集团公司组成专项小组，就市场信息的真实性、收购过程的监控和收购后的仓储定位等进行周期性和临时性的检查与现场监察。

（3）薪酬体系全面改革。

上述措施可避免运营人员的不正当作业，实施起来肯定遭到大家的一致性反对、抵制，为此薪酬体系的改革势在必行。改革措施如下：

①大幅度提升经营管理层的薪酬体系，实行"基本工资＋绩效工资＋权益分红"的模式。

基本工资按照收储厂的规模进行等级划分，平均月度工资提升到5000～8000元；绩效工资按照收储量进行计提；权益分红为盈利的30%。根据历史经营数据的测算，仅此经营层的年度收入可以高达20万～40万元，较之前提升了10倍不止。

②基层员工全部实行计能和计时制，全部按照符合质量要求的收购数量采用不同比例的提成制度，或根据工作的需要在月初由管理者提报方案后进行记工人员的使用。

这样做到了为全部基层人员临时支付薪酬，避免了各收储厂平时养闲人、占指标的做法。因为公司的经营特点是每年能够工作的时间也就三两个月，而其余时候只要有安全人员在，根本不需要有其他员工。

3. 案例成果

（1）员工收入大幅提升。

经营管理者的平均年薪为20万～40万元，而之前仅有两三万元，增长 10 倍有余；基层人员的薪酬也从 2 万元左右提升到 4 万 ~ 5 万元。

（2）公司盈利能力大幅提升。

之前公司年度营业额大约在 120 亿元，但盈利能力几乎为零，而行业的平均水平在 1.2% 左右，也就是说该企业至少盈利 1.4 亿元才能达到平均水平。该体系实施后，薪酬方面年度内多支付了 5000 万元元，但在年终核算时，该企业盈利为 5000 万左右。非常巨大的反差，笔者相信，其中的缘由不言自明。

（3）改变了员工的工作作风。

用该企业负责人的话来说就是，"原先的经营模式中，许多人挣到钱了，但经常会睡不着觉；但现在大家挣钱有道，应该睡觉也是香的。可能部分人因此而抱怨，但我认为这是在救他们，所以我会坚持实施下去。"

（4）薪酬绩效管理体系的变革大大促进管理人员逐步思考企业的经营。

自己想多获益，则更多的就需要从经营任务量、人员使用量、产品质量和成本、销售价格等方面进行全方位的思考。在原粮采购价格一定的情况下，想销售得长久就需要从经营的管理细节上进行优化了，这个是自己获取更多收益的唯一路径。

4. 案例思考

（1）商业模式应用中的成本挖潜需要"以人为本"，考虑人员长处的同时，要学会利用人性的弱点加以引导。大家都想多挣钱，但需要挣钱有道，凭自己的能力在一定的竞争平台上进行。

（2）商业模式转型过程中一定要以前台的操作要求和后台的激励与支持系统作为后盾。

后　记

一、全书要点总结

本书讲述到了这里，我相信更多的读者能够明白如下的道理。

（1）商业模式的基本要素构成反映了企业价值链的发现、创造和传递过程，是企业盈利能力提升的逻辑性再现。

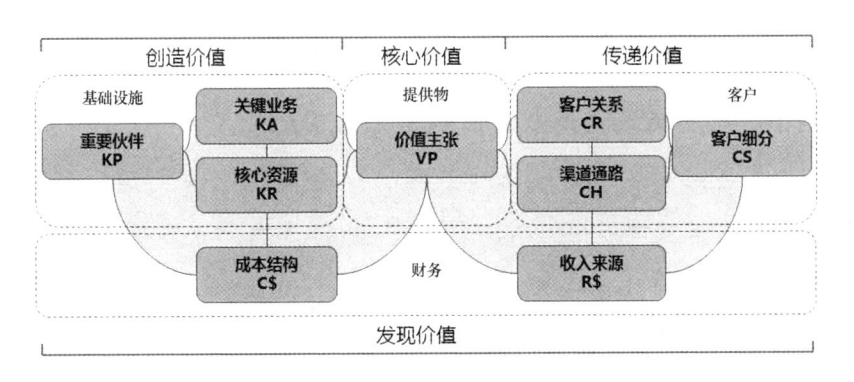

图1　商业模式要素

（2）商业模式与企业发展战略息息相关，从商业模式的角度能够快速助力企业找到战略增长的路径。

产品/服务领先战略性的企业需要重点关注"价值主张"；客

户关系领先战略性的企业需要重点关注"客户细分、渠道通路和客户关系";而运营管理领先战略性的企业需要重点关注"重要伙伴、关键业务、核心资源和成本结构"。

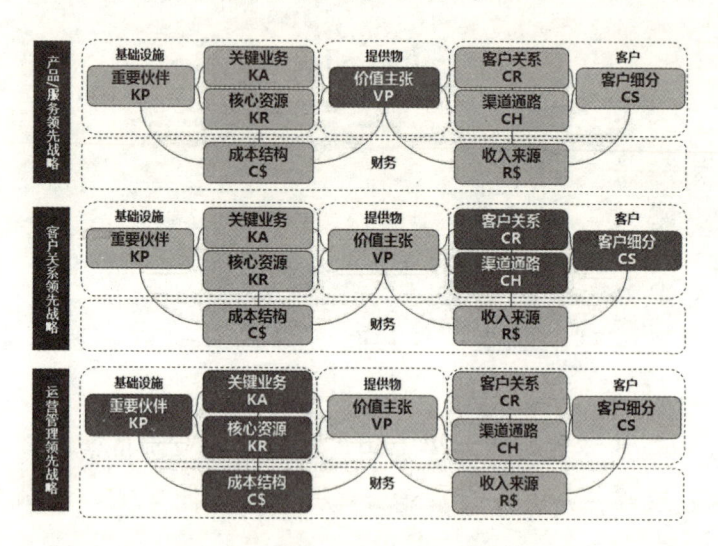

图2　商业模式与企业战略的匹配表

（3）商业模式在企业中起到承上启下的作用。

它是企业发展战略的落地载体,是企业组织架构建设和优化的依据,同时又是企业产品/技术应用的蓝图。也就是说它是企业经营的主线,只有在充分认知商业模式的基础上,我们才能更

图3　商业模式在现代企业经营中的重要性

好地开源、节流和通过快速运转而获取最大的商业价值。

(4) 商业模式的创新设计、优化设计、完善设计和整合设计是环环相扣、层层递升的关系和逻辑。

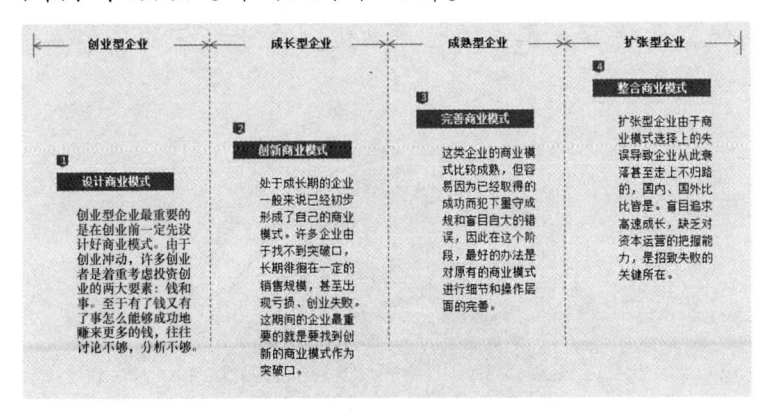

图 4　不同企业的商业模式需求

企业发展，最初要进行创新性的商业模式设计，后续逐步进行优化创新设计，再完善和整合，以获取企业发展的创新路径、盈利能力增加、运营能力增强和综合营运能力提升。

(5) 商业模式转型设计和应用过程中，应首先有逻辑化的思维路径。

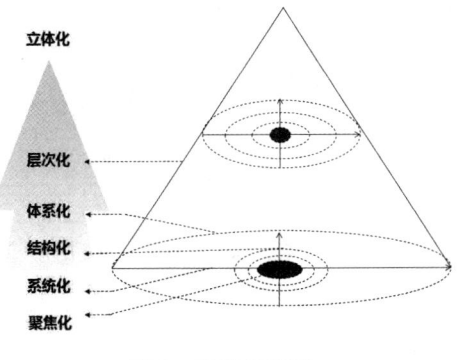

图 5　思维架构图

这是商业模式能够被成功转型的前提，理解了该思维路径，我们不但会得到"鱼"，还会得到"渔"。

（6）商业模式的转型实施应用离不开完善的后台支持系统，这个系统需要将商业模式的运作细化到企业经营的任何人的每个操作过程之中。

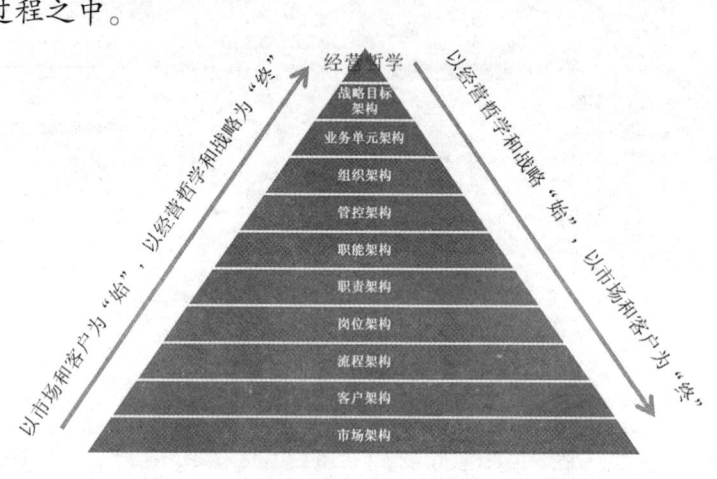

图6 以始为终，以终为始的企业经营逻辑图

（7）商业模式在实施过程中要"以人为本"，关注到企业转型过程中的员工政治和情绪影响，这也是以人为本的根源。

图7 商业模式给企业带来的转型价值

同时将商业模式转型设计与设施作为项目进行管理，定能使员工能力、组织能力得到提升，也能收获项目管理经验和项目群管理经验，这些均构成了企业成长的关键因素。

二、最后的祝愿

如果本书能够给创业型企业家带来对投资项目的系统性、完整性的思考，则必将助力获得创业投资的辉煌预期！

如果本书能够给发展型企业家带来对商业模式的优化性思考和借鉴，则必将助力企业在快速发展的同时，逐步完善企业的商业运营模式，从而助力企业成为行业的领先者！

如果本书能够给成长型企业家带来企业精细化管理的深度参考，则必将助力企业在成为行业领导者的同时，能够维持更加健康、和谐、长久的发展态势！

如果本书能够给规模性多元化企业家带来整合的理念、策略和方法，则必将助力企业在精益于每一商业模式运作的同时，能够形成自己的产业价值链，从而助力实现基业长青的愿景！

总之：

为期望成功者提供走向成功的利器！

为已经成功者提供走向更加成功的法器！

为更加成功者提供走向更高一层成功的道器！